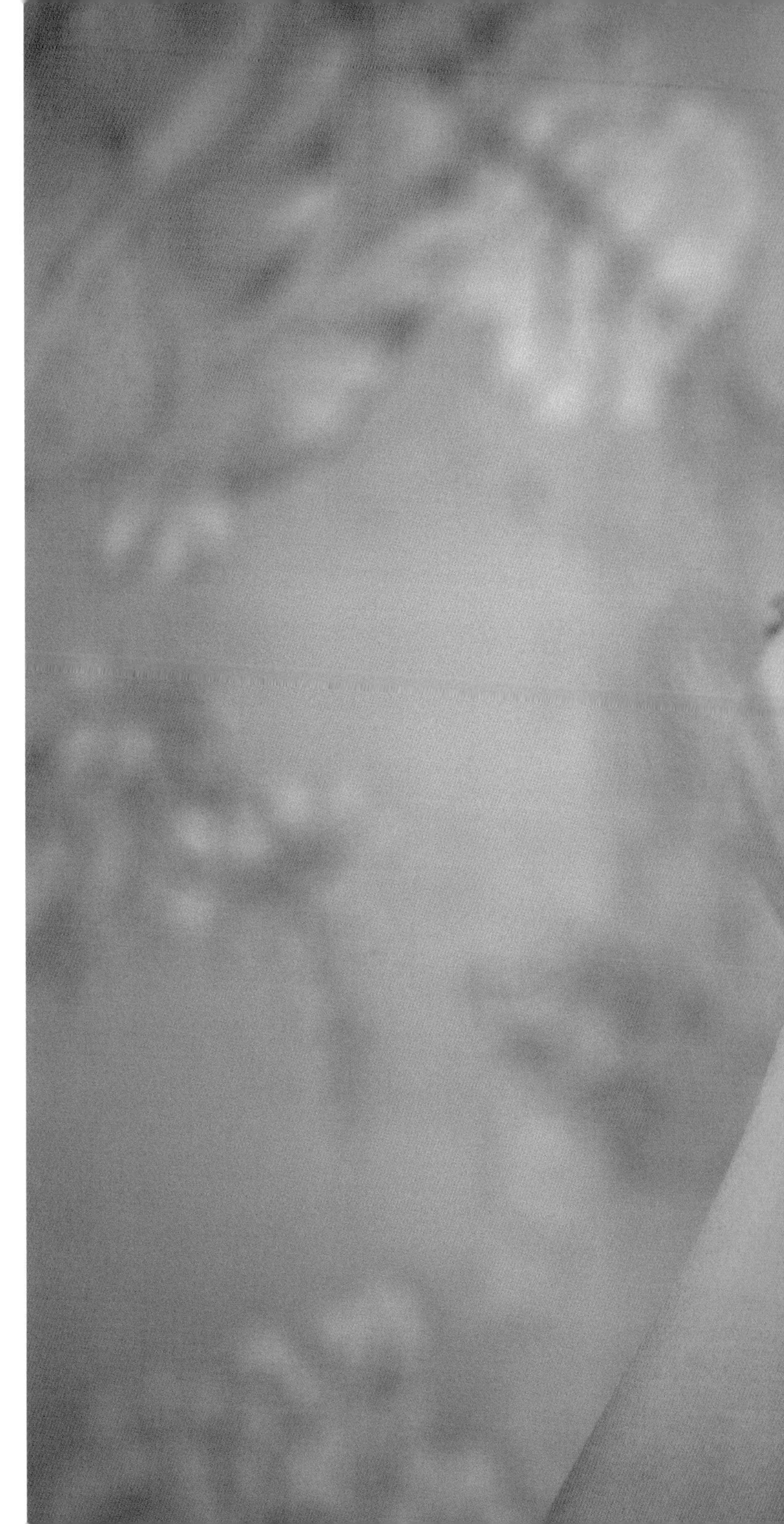

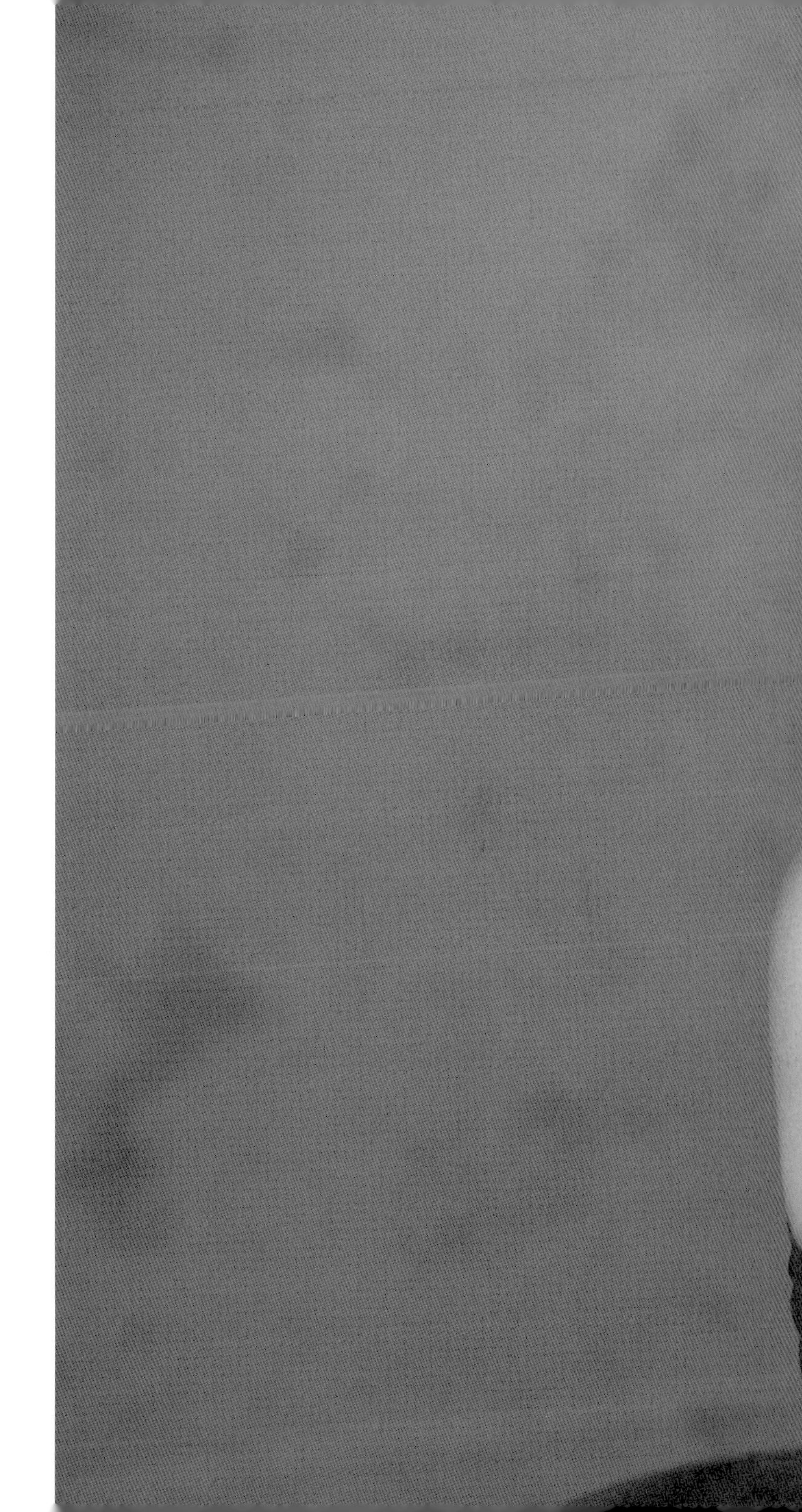

# 米倉涼子

撮影　名越啓介（UM）　スタイリング　野村昌司
ヘア&メイクアップ　奥原清一　文　堂前茜

（005page）ドレス（253,000yen）／NINA RICCI（IZA tel.0120-135-015）　シューズ（134,200yen）／Gianvito Rossi（GGR JAPAN　tel.03-3403-5564）　ネックレス（198,000yen）、ピアス（右耳）（121,000yen）、ピアス（左耳）（110,000yen）、リング（374,000yen）／以上、KASHIKEY BROWN DIAMOND（tel.0120-278-857）
※すべて税込

（012page）カーディガン（165,000yen）、パンツ（97,900yen）／共に、NINA RICCI（IZA）　※すべて税込

（019page）ジャケット（63,800yen）／LIVIANA CONTI（GRUPPO TANAKA　tel.0120-135-015）　キャミソール（15,400yen）／HAKUJI、パンツ（63,800yen）／AKANE UTSUNOMIYA（共に、BRAND NEWS　tel.03-3797-3673）　ネックレス（418,000yen）、ピアス（891,000yen）、バングル（1,485,000yen）、リング（319,000yen）／以上、MESSIKA（メシカ ジャパン　tel.03-5946-8299）　※すべて税込

やりたいことが詰まった引き出しがいっぱいになりかけていたのを、全部断捨離して、１つの箪笥だけ残した感じ。そこにもう１回いろんなものを入れ直していかなきゃいけないなっていうのが今なんですよね

米倉涼子を語る時、「挑戦」という言葉は欠かせない（実際、この切り口での取材記事のいかに多いことか）。ブロードウェイ・ミュージカル『CHICAGO』で日本人女優として史上初、3度の主演を務めたこと。長年在籍した事務所を退所し、個人事務所・Desafío（スペイン語で「挑戦する」という意味）を立ち上げたこと。国民的ドラマ『ドクターX』の主演を10年にも渡り務めていること。しかし――彼女の人間味に触れると（女優以前に1人の女性と会話しているような）、「挑戦」というものは米倉にとって大袈裟なものでなく、目の前のことに全身全霊で向き合ってきた過程でしかないのではないか。そんなことを感じた。〈Netflix〉シリーズ『新聞記者』が世界同時配信される。東都新聞社会部記者・松田杏奈を米倉は演じ、またしても彼女は、己の殻を破った。

本当にびっくりしました。だから、「わたしのこと嫌いなのかな?」とずっと思っていて

――『新聞記者』の現場はいかがでしたか?

**米倉** 地上波のドラマ作りの経験しかなかったので、「こういう作り方っていいな」とまず率直に思いました。主役がいたら主役だけを中心に撮っていくような作りではなくて、複数の視点で物語が進んでいくんですよね。それぞれのキャラクター皆、それぞれの正義を持ち、現実との葛藤に苦しんでいる。自分が出ている作品を観る時は、大体、反省点を探しちゃうんですけど、自分のことを忘れて観ていましたね。もちろん、私自身には課題はありましたが、「あの人はどうなっているんだろう?」と、自分の役への想いに加えて、他の人の気持ちも乗っかって、苦しくなって泣きながら観ている自分がいて。不思議な感覚でした。

――今回、このお話はどういう流れでやることになったんですか?

**米倉** マネージャーから今回のオファーの話を聞いて、スターサンズの河村(光庸プロデューサー)さんとオンラインでお話をさせていただいたところから始まりました。(映画版)『新聞記者』も観させていただいていたので、「これがドラマ・シリーズになるのか」と、その時は想像があまりつかなくて。同じ監督(藤井道人)だから、二番煎じと言ってはなんですけど、そうならないポイントがちゃんとあるのだろうか、って。実際、全6話のドラマ版は、映画版とは違った複数の視点で多面的に描いていることから、誰もが自分を投影できる人間ドラマになっていると思います。

――映画版は当時、どうご覧になりましたか?

**米倉** いい映画だなぁと思いました。とにかくシム・ウンギョンさんの……目で訴える芝居がすごいなって。

あとは、（松坂）桃李さんの最後の一言がめちゃくちゃ気になりましたよね。

――公開当時も、チャレンジングな作品と評されていましたが、今回拝見したら、おっしゃるように、より緻密に深く描かれていて。改竄を強いられた公務員の鈴木さん（吉岡秀隆）の苦悩と、その妻・真弓さん（寺島しのぶ）が立ち上がっていく姿も、しっかりと描かれていました。

**米倉** はい。藤井監督、脚本の山田（能龍）さん、小寺（和久）さんが綿密にリサーチをされていますが、本作はあくまで全てフィクションとして描かれています。『新聞記者』の中で言われていた言葉ですけど、「政治とか遠くのものだから」という距離感で、私たちの身近な問題ではなく、政治をどこか遠くで行われているものとして捉えている人が少なからずいて。だけど、私が演じた松田記者のように「声なき声を届ける」という使命に駆られている人も世の中にはたくさんいるし、こうして私たちがこの作品に関わることによって、この作品を届けることによって、自分の知らないところで何が行われているのか？という疑問とか、欺瞞とか、そういったものが観てくださった皆さんの中にも湧いてくるのではないかと思います。例えば、映画『スキャンダル』っていう、シャーリーズ・セロンやニコール・キッドマンが出ていたあの映画にしても、観るまであんなことがあったなんて知らなかったですからね。ああいう作品をやる意義というか。私自身も独立した流れがありますから、せっかくなら真に迫る作品に挑戦させていただきたいなと思ったんです。

――拝見させていただいて思ったのは、偉そうな言い方ですけど、映画版よりも藤井監督の手腕が上がったというか、より力量が上がられたなと思いました。

**米倉** 元々は、「新聞も読まないのにどうしよう！」みたいなところから（監督は）始まったらしいですよ。私は、今回藤井監督とご一緒してみて、粘り強さにびっくりしました。私は何回もやると、どんどん自信を失っていくんですけど、それでも、何回もやる。1回で終わったシーンなんてなくて（笑）。

——そんなにですか？

**米倉**　はい（笑）。「ぇえ〜〜〜！」っていうくらい。本当にびっくりしました。だから、「わたしのこと嫌いなのかな？」とずっと思っていて。「は〜い、もう1回行きま〜す」、「もう1回行きま〜す」というのが、延々続くんです。「えっ、なんで？」の繰り返しというか。私は今回の現場は、全員が初対面の方だったので、最初はひとりぼっちだったんですね（笑）。だから慣れるのにも時間がかかったのかもしれない。撮影スタッフとも全然話さなくて、最後の方くらいに、「嫁が喜んでいました」と初めて向こうから話しかけてくださって。寡黙な方が多かった印象です。「僕らのルール」みたいなものが確立していて、ノリでやっているんじゃないぞ、という彼らの世界があった気がします。「次もやってくださいよ」ともし声を掛けてくれたとしたら、「はい」と答えますけど、次からはもう少し自分の気持ちが素直に伝えられたらいいなと思います。

——ただでさえチャレンジングな役なのに環境が心細かったらなおさら追い詰められますね。

**米倉**　そうですね。あと、撮影当時は持病が発症し始めていた時期で、とにかく具合が悪かったんです。フラフラでだんだん壁に寄り掛かるようになってきたり……スケジュール的には、地上波の連ドラより全然忙しくないんです。だけど、ほんっとに辛い……っていう(笑)。どんなシーンも、心から笑えるシーンもない中で、なんとか踏ん張りながら乗り越えました。でも、社会派と呼ばれる作品に出ることが多かった中で、今回また違った作品というか、「絶対に嘘はつきたくない」という作品に巡り合わせてもらって感謝しています。

——先ほどお名前が出たウンギョンさんの場合は、わりと淡々と自分のペースで事件に取り組んでいく姿が印象でしたが、米倉さんが演じた松田は、柄本時生さん演じる後輩に、「なんであの人あんな強いんですかね？」と言われるキャラなんですけど、実は……。

**米倉** そう、そんなに強くないじゃないですか（笑）。私も（そう言われるのが）すごい不思議だった。

――必死に立っている感じがした。テープおこしをしている時の表情なんかも、時折泣きそうな顔をするんですよね。怒り、悲しみ、いろんなものが蠢いていて、1人では立ち向かえない、けれど自分がやらなきゃ誰がやる？という使命感だけで進んでいたような。最初、米倉さんが『新聞記者』をやると聞いた時は、ガシガシ進んでいくタイプの……。

**米倉** 私もそう思ってました（笑）。

――と思ったら、傷付きながら、泣きそうになりながらの松田で。そこが素晴らしかったんですよね。

**米倉** それはもう、藤井監督のおかげなんですよ、本当に。

――実際に何度も追い込まれながらの撮影でしたからね（笑）。

**米倉** 追い込まれ、追い込まれ（笑）。撮影当初は、ビシッとしてカッコ良い、いつもみなさんが私に求めてくださるようなキャラクターでいくものとばかり思って、現場に入ったんです。そうしたら、「違うんです。もっと、優しいっていうか……」みたいな感じで。どんどん抱え込んじゃいましたね（笑）。私としては松田は、人に愛される、すっごく優しい人にしたかったんです。彼女が嫌われるのは絶対に嫌だったんですね。どこから見ても嫌われるような役にはしたくないのもあって、最初のシーンに彼女の全部を入れたんです。官邸に行って質問をするシーン。ガンガン行くつもりでやって。

――酷い対応をされているのにめげずにガンガンでしたね。

**米倉** ただあれでも、私はかなり抑えているんです。あの口、何回もあのシーンをやっていたら気分が悪くなっちゃって、「ちょっと外の空気吸ってきます……」みたいな。外は雨が降っていたんだけど……よく覚えていますね。「すみません、ちょっとだけ外に行かせてください……」って。

――「この会見はあなたの意見を述べる場ではありません」って官房長官が松田に言うじゃないですか。しかも何度も蔑ろにされ続けるって、演じていてもメンタルがかなり削られたんじゃないかなと。

**米倉** すごく辛かったですね。1つのシーンにかかる時間というのが、今まで私が経験してきた20年の連ドラのタイムシフトではなかった上に、しかもみんな寡黙……「行くぞー！」とか「こっち来ーい！」みたいなのがゼロで（笑）。だけど現場が1つになっている感じが強かったです。

――途中で、萩原聖人さん演じるお兄さんとの回想シーンが出てきましたが、あの辺りが唯一と言っていいくらいの、幸せそうな彼女の顔で。

**米倉**「あそこだけは頑張ってください、幸せに」って（笑）。

――「こんな時もあったんだぁ」と、ちょっとホッとして。米倉さんの表情が全然違ったので。

**米倉** ありがとうございます。

――それと本作は印象的なセリフがたくさんあります。お兄さんが綾野 剛さん演じる官僚の村上とお酒を飲んでいるシーンで、「立場が人を作るんだ」、「だから村上くん、変わらないでね」と言っていて。

**米倉** 泣きそうになっちゃいますよね。変えられない人もいますし。

私、泳げないんですけど、一生懸命息継ぎしながらここまで泳いできた感じはあります

――米倉さんは、一貫してブレないイメージが強い中で、個人事務所も立ち上げられて。ご本人としては、立場が変わったり、キャリアを積み重ねてきたことで、変わってきた自覚はありますか?

**米倉** 私は普通の家庭で生まれて育ってきて、弟も普通にサラリーマンで、結婚して、家庭を持っていて。うちの親なんかも、私が芸能人でもそんなに入り込んでくるような人ではなく、本当に普通なんですよ。だから例えば「なんとか婦人のパーティに行きたい」みたいな欲も湧かないですし(笑)。3.11の時、たまたま私、日本にいなかったんですね。海外に3ヶ月くらい、勉強しに行っていて。その時、家族を捨ててでも(海外に)残った方がいいのか?とか、すごく考えたんです。海外のプロデューサーにペコペコ挨拶しに行ったり、日本人ということで少し大目に見てもらえるかな?とか、いろんなことを考えて。その時にも思ったんですよね。今が、目の前にあることがすべてではない、って。いつでも方向転換しようと思えばできるんじゃないかなって。それと……『新聞記者』をやった時に特に思ったのが、「私は何にも知らない」ということ。この撮影隊がこの後どういう風に動くのかも分からないし、どんな風に作られていくのかも知らない。私、もう46歳になって、まぁまぁベテランのはずなのに、全部、いちいち現場で質問しているんですよ(笑)。「え、次どうするの?」とか。そうやって、一生懸命息継ぎしながら――私、泳げないんですけど――ここまで泳いできた感じはあります。だから、年齢とか立場とか、関係なくって、もしかしたら、変わる人と変わらない人がいるのかな。

――立場や環境が変わっても、ご本人的には目の前のことにアップアップというか?

**米倉** そうですね、どちらかと言うと、先読みはできなくて。せいぜい1年先とか2年先くらい。「10年後、

どうなっていたいですか？」とよく聞かれるんですけど、全然分からないです（笑）。

――でも今は、ご本人で色々とジャッジしないといけないことが増えたのではと。

**米倉** そうですね。「もうちょっと若い頃にそうしていた方が」っていう……頭の融通がもっと効く時にしていた方がよかったのかな？と思うこともありますけど、体調とか、年齢とか、女子っていうのもやっぱりありますからね（笑）。そういう意味でも、去年のタイミングが本当にギリギリだったかな。もう戻ることはできないし、絶対に時間は取り戻せませんから、乗り越えていくしかない。独りになってみたら本当に、気付かなかったこと、実は知らなかったことばかりで、社会勉強中ですよ。かつての私は会社の中でコントロールされていた1粒だっただけで、会社のことは何も知らなかった。今は、会社を作ったので、システムも考えなきゃいけないですし、そのシステムの中でスタッフに働いてもらうためには、私が1回レクリエーションを受けなきゃいけない。かと言って、今までやってこなかったことを「やってね」と言うのが嫌だったりすることもあるんですよね。私は普通の会社にしたいから。ザ・芸能界な会社にはしたくなくって。あと、自分のやりたいことも広げていきたい。「やりたい」という想いを汲んでくれる人がこれまでいなかったわけではなくて、システムが出来上がってしまっていたから。その中でどうやって動いていくのが良いか分からない状態にいる1粒だったから、そこから出た時に、1から知っていかなきゃいけなかったのが、本当に大きいです。表現者としてやりたいことが詰まった引き出しがいっぱいになりかけていたかもしれないんですが、全部断捨離して、1つの箪笥だけ残した感じ。そこにもう1回いろんなものを入れ直していかなきゃいけないなっていうのが今なんですよね。

――なるほど。その話と少し関連付けると、横浜流星さん演じる就活生の木下が、「なんで村上さんは官僚になったんですか？」と聞いて、村上は「忘れました」って。家に帰ったら奥さんに、「国民のために働けるのが嬉しいって昔言ってたよね」なんて言われてしまっていた。米倉さんはなぜ女優になったんですか？

**米倉**　私はバレエをやっていて、学生で、普通にトリマーになろうかなと思っていたんですね。でも、ご縁があって、まずキャンペーン・ガールみたいなのになったんですよ。それから、『ＣａｎＣａｍ』とかのモデルをやったり……。

――『国民的美少女コンテスト』にも出られて。

**米倉**（笑）それは、お友達が応募したので。私が出たくて応募したのではなかったんですけど、それがきっかけで今がありますから……5年くらいモデルをやっていたんですけど、これでずっと食べていける自信がなかったし、せっかく身体を使ってきたのにずっとカメラのフレームの中にいなきゃいけない、あと笑っていなきゃいけないのが嫌だったんです（笑）。元々根暗ですからね、疲れてしまって。バレエをやっていた時も、モデルをやっていた時も、声は使っていなかったですしね。そういう意味では、全身を使って自分を表現してみるということくらいしか、次に進むステップがなかった。でも……人の一言で、ある人の人生を変えることって、ありますよね。「なんで官僚になったんですか？」という言葉って、「なんでお弁当屋さんをやろうと思ったんですか？」と同じだと思いますけど、さりげない一言でも、言われた方からすると、残っていたりする。私も性格的に言いたいことを言っちゃったりすることがあるけど、「ああ言われたおかげで1個のプロジェクトが進めるようになった、ありがとう！」と言われると、「ほんとによかったのか!?」と思いながらも……言葉の影響力というものを考えたりします。役者の仕事ってそれこそもっと答えがないですよね。

――近年では『ドクターＸ』が代表作の1つとしてありますし、楽天モバイルのＣＭみたいな、グイグイ引っ張ってくれるイメージが強いですけど、今回のような地味で繊細な役もすごく良かったので、またぜひ……。

**米倉** うん、ほんとに地味ですよね（笑）。余談なんですけど、「大きな声を出さないでください！」とは現場でよく言われていました（笑）。「どんな小さな声でも拾うので、あの、普通にしてください」って。私の普通の声、大きいから（笑）、小さくするのが大変みたいで（笑）。その他も、つま先を真っ直ぐするように歩いたりと、カッコ良さを見かけで表現しないような意識はしていました。

――「どういう国にしていきたいのか？をみんなで一緒に考えられる国になったらいいな」というセリフがありましたが、きっかけの1つとして、この作品を多くの人に観てもらいたいですね。

**米倉** そうですね。先ほどもお話ししましたが、政治を遠く感じている人にも社会について考えるきっかけになれば良いと思います。若い人にも観ていただきたいですし、〈Ｎｅｔｆｌｉｘ〉で世界１９０ヶ国以上で配信されるので海外の方にも観ていただきたいですね。

――あと最後に、お伺いしたいんですけど、今日米倉さんがスタジオに入ってこられた時、ちょっとびっくりするくらいに綺麗で驚いたんですよね。

**米倉** ありがとうございます（笑）。でも寝起きとか、家に帰ってきた時の顔とか、ヤバいですよ（笑）。

――いやいやいや。不躾な質問なんですけど、どうしたらそんなにずっと綺麗でいられるんですか？

**米倉**（笑）そう言われると、私はすっごく嬉しいですけど、何だろうなぁ、お水はよく飲んでいますけど……他はあまり気にしてないです。さっきもずっとあそこ（控え室）でおにぎり食べてましたし（笑）。あ、でも、身体を温める。これが一番大事じゃないかなと思いますね。冷やし中華とかすごく好きですけど（笑）。あとは動く。やりたいことを探す。

――『新聞記者』の時は、かなりのナチュラル・メイクでしたよね。あれに耐えられるという。

**米倉** そう、あれね、自分でもびっくりしたんです、モニター前でも「ねぇねぇ、私のメイク、こんなにすっぴんで大丈夫!?」って聞きましたもん(笑)。

〈Netflix〉シリーズ『新聞記者』
監督/藤井道人　出演/米倉涼子、綾野 剛、横浜流星、吉岡秀隆、寺島しのぶ、吹越 満、田口トモロヲ、大倉孝二、田中哲司、萩原聖人、柄本時生、土村 芳、小野花梨、橋本じゅん、でんでん、ユースケ・サンタマリア、佐野史郎、他　1月13日より〈Netflix〉にて独占配信開始

BORN IN 1965 ~ 1966 guest

# 杉本哲太

## どこかで精神年齢が止まっていて、自分、大人感が全然ないんですよ

撮影　映美　スタイリング　能城匠
ヘア&メイクアップ　石邑麻由　対話　山崎二郎

僕と同じ1965年度学年の方を招いて同級生話をするコーナー。今回は、1981年、横浜銀蝿一家として紅麗威甦（グリース）のヴォーカル担当と、TVドラマ『茜さんのお弁当』にて俳優デビュー。1983年、映画初出演の『白蛇抄』で『日本アカデミー賞』新人賞を受賞。その後『アウトレイジ』から、NHK大河ドラマ『龍馬伝』に、NHK連続テレビ小説『あまちゃん』など、正義感たっぷりな役から、悪役、シリアスからコメディと幅広い役風は、なかなかいないスタンス。加えて、40代、50代と、さらにウィングを広げていくという伸び感。話題のドラマ『日本沈没―希望のひと―』では官房長官役を演じる杉本哲太に訊いた。

芸能界の右も左もまったく分からない兄ちゃんがいきなりセリフを覚えて、八千草 薫さんとか長山藍子さんとか錚々たる方たちとお芝居をしていたというすごい話で（笑）

**山崎** 10代の頃にショー・ビジネスの世界に入られた当時、将来の像って何かありましたか？

**杉本** 高校時代にファンだった横浜銀蝿さんのレコ・ジャケの裏に「君も横浜銀蝿の仲間にならないか？」みたいな告知があったんですよね。１９８１年、高校1年の夏、横浜駅構内で銀蝿の嵐ヨシユキさんと偶然遭遇しまして、「仲間になりてぇな」と思っていましたから、その場で「銀蝿の仲間に入れてください！」と直訴したら、「履歴書を送ってください」と言っていただき、送ってレッスンを経て事務所に入れてもらったので、具体的な夢や目標は何もなく。当時の自分は横浜銀蝿が大好きなだけの、ただのヤンキーに近い少年だったんです（笑）。

**山崎** 実は前々号に出ていただいた仲村トオルさんも同様で、大学時代、偶然立ち読みした雑誌で『『ビー・バップ・ハイスクール』の主演俳優募集！』という告知を見なかったら、役者になっていなかったそうです。偶然にこの世界に入ったおふたりが、今や『日本沈没～』で首相、官房長官の役で日本を動かしているという（笑）。

**杉本** すごいですよね（笑）。

**山崎** 準備期間もなく、いきなり俳優としてデビューされたわけじゃないですか？　その現場での苦労たるや。

**杉本** 嵐さんに出会った1週間後にはレッスンを始めて、３ヶ月後の10月にはもう、〈ＴＢＳ〉の連続ドラマ『茜さんのお弁当』に出ていました。今考えれば、芸能界の右も左もまったく分からない兄ちゃんがいきなりセリフを覚えて、八千草 薫さんとか長山藍子さんとか錚々たる方たちとお芝居をしていたというすごい話で（笑）。

**山崎** 僕の知る限り、デビューまで最短だと思います（笑）。多少のレッスンは受けたとは言え、ほとんど素養のない状態での俳優デビューで、実際の演技はどうクリアされていったんでしょうか？

**杉本** 共演した古尾谷雅人さんが兄貴分的な存在で、ありがたいことに、それこそ手取り足取りじゃないけど、素人の僕にいろんなことをアドバイスしてくださって。「哲太、気持ちで演れ！」とか、「ココ（心）で演るんだ！」ってよく言われていましたね。確か、主役の八千草 薫さんに対して自分が嘘をついた場面で、反省して泣く芝居があったんですけど、スタジオの隅の暗がりで気持ちを作っていたのを覚えています。

あの時、「こんな人たちの中で役者としてやっていくには、生半可な気持ちじゃなく、覚悟を決めてやらないと」っていうのはすごく思いましたね

**山崎** 役者とバンドを両立した怒涛の10代を経て、役者を自分の仕事と決意されたのはいつ頃ですか？

**杉本** 18歳の時に出演した映画『白蛇抄』（１９８３年）で初めて映画の世界に踏み込んで、「こんな世界があるのか！」っていう新鮮な驚きがあり、ドラマとも違う空気感もあって、面白かったんですよね。すごく緊張はしましたけど、それが心地良くて。バンド活動が20歳ぐらいで１回終わって、以降は俳優業をメインでやってきましたから、役者としての本格的なスタートはそこからでしょうね。さらに転機として決定的だったのは、27歳くらいの時に出演した映画『ひかりごけ』（１９９２年）の撮影時の経験かと思いますね。熊井 啓監督作品で、主演が三國連太郎さん、脇を固めるのが田中邦衛さん、奥田瑛二さんと、錚々たる先輩たちと共演させていだいて。戦時中に真冬の北海道で乗っていた船が座礁して、自分を含めた４人が何とか船から逃げて、山小屋に避難するという設定でした。で、真夏の〈日活撮影所〉の中に組まれた厳寒の知床の山小屋のセットの、凍てつく寒さの中でマッチ１本の火で暖を取りつつ、肌

を寄せ合って過ごすという芝居をやることになって。台本には「洞窟で、もう凍え死にそうな4人」みたいなト書きくらいしか書いてないんですけど、自分以外のお三方が洞窟のセットの中で「寒い、寒い！」と言いつつ、台本にないアドリブで、極限状態の中で少しでも体温を上げるためのリアルな芝居を始めたんです。三國さんがおもむろに奥田さんの頬を叩くと奥田さんも叩き返して、そこに田中さんも自然と参加して。本来なら俺もそこで一緒になって芝居しなきゃいけないんだけど、あまりにも自然に即興でお三方の演技が始まっちゃったもんだから、圧倒されて傍観していましたもん（笑）。あの時、「こんな人たちの中で役者としてやっていくには、生半可な気持ちじゃなく、覚悟を決めてやらないと」っていうのはすごく思いましたね。あの撮影を機に、20代後半にして、自分なりにちゃんと俳優という仕事に向き合えた感じですね。

**山崎** 30代、40代を過ぎて今に至るわけですけど、役作りはどういう感じで取り組まれていますか？

**杉本** 過去に同じような体験があったり、共感できるようなセリフであれば違和感なく言えるんですけど、未経験で心情的に理解できてないことだと、いざセリフに出した時に違和感があるんですね。自分の中でセリフの意図なり意味を咀嚼できてないから、そこを埋めるための試行錯誤をやっていくというか。例えば人殺しなんて最たるもので、そもそも人なんて殺したことないのに、役作りはどうするのか？っていう話ですけど、そこはやっぱり、想像するしかないですから。あとは、監督の想いを汲み取って「たぶん監督はこういうことをやってほしいんだろうな」という予想を頼りに演じていくというか。監督からリクエストなり、ヒントみたいなことを言われれば、それを役作りに反映させたりもしますね。ですから、役作りのやり方は色々ですよね。

**山崎** このところ、役柄の幅がさらに広がっていて、官房長官から殺人鬼まで多様な役をこなせる役者ってなかなかいないと思うんですよね。ご自分では意識せず、オファーされた役柄はそのまま受け止める感じですか？

**杉本** こっちが願ったところで、自分が思うような役がオファーされるとも限らないですから。ただやっぱり、例えば政治家の役にしても、人を殺めちゃうような人をやるとしても、「どうやったらそう見えるか？」っていうことをまず考えますよね。だから官房長官の役なら、容姿にしろ、発する言葉、醸し出す雰囲気も含めて、そう見えるような説得力がないといけないですし。どんな役柄であれ、そのキャラクター通りに見えなかったら話にならないので、自分の実像と役柄のギャップを埋めるための役作りを粛々とやってきた感じですね。

大人感のない自分が、大人感が絶対必要な官房長官の役をどうやって演じるのかというギャップを埋めていく作業こそ大変で（苦笑）

**山崎** 30代ぐらいで、その役者さんのキャラというか、求められる役柄ってだんだん決まってくることが多いと思うんですけど、杉本さんの場合、40代後半になって、『あまちゃん』（２０１３年）の大向大吉のようなおかしみのある役がありつつ、真っすぐな役もあったりと、50代になっても演じる役が広がっているのはなかなかないパターンだと思うんですよね。

**杉本** やっぱり、それは恵まれているというかラッキーだと思いますよね。それこそ、『あまちゃん』のように、本当に「脚本のクドカン（宮藤官九郎）さん、俺の私生活をどこかで覗き見していたんじゃないのか？」というくらい、当て書きっぽい感じのシナリオに出会えたりとか。そうしたご縁に恵まれた時にこっちも上手く乗っかれてやれたので、そこでまた役柄の幅が広がっていったのかもしれませんね。

**山崎** 我々、56歳ですけど、伸びしろがまだあるっていうのは嬉しいことですよね。

**杉本** そうですね。役者としては、ずっと同じような役しかオファーされないことほど悲しいことはないんで、ちょっと一風変わった、今までにないようなキャラクターの役のオファーはすごく嬉しいですよね。

**山崎** 年齢なりの役割がある役者の仕事って、「引退」ってないじゃないですか？　自分たちも5年後には60過ぎになっていますけど、例えば、60過ぎの自分がどうなっているかとか考えたことってありますか？

**杉本** 例えば、同窓会に行ったりすると、人によっては自分より老けて見える人もいると思うんですよね。でも、それはごく普通のことであって。ただ役者をやっている限り、撮影でハードなシーンがあったりとか、場合によっては時代劇で立ち回りをしなきゃいけないとか、現代劇でもこの歳でアクションものをやっていますからね。かつては「70歳になっても身体を動かせないと！」みたいに思っていましたけど、リアルに考えると、「俳優だからいつまでも超人的な体力があって当たり前っていうのはどうなのよ。歳はとっても体力は衰えない、そんな奴いねぇよ」と思いますし。ですから、衰えたくないという気概と衰えて当たり前という気持ちのせめぎ合いですよね。60歳、還暦が4年後ですよね。60ともなれば、さすがに、いい大人ですよね。

**山崎** いい一言をいただいたのでお尋ねします。56歳っていい大人ですけど、今のご自分に〝大人感〟って……？

**杉本** ないですね（笑）。だからこそ、大人感のない自分が、大人感が絶対必要な官房長官の役をどうやって演じるのかというギャップを埋めていく作業こそ大変で（苦笑）。どこかで精神年齢が止まっていて、自分、大人感が全然ないんですよ。言うなら、永遠の15歳ですかね（笑）。

**山崎** まったく同じです！　大人感がまったくなく。同級生を見ると貫禄あって大人だなぁって、コンプレックスがありまして。

**杉本** 分かります分かります（笑）。この前、同窓会で会った同級生が建設会社の社長なんですけど、「なんかこいつ、すっごい大人だな。俺の親父かよ」って思いましたもん（笑）。

# 大沢伸一（Mondo Grosso）

対話　山崎二郎

「何かができるようになるっていうことは、同時に何かを失ってしまうこともある」っていうことは声を大にして言いたいです大沢伸一が主宰するプロジェクトのMondo Grosso（モンド・グロッソ）。結成30周年の今年11月にオールタイム・ベストアルバム『MONDO GROSSO OFFICIAL BEST』をリリース。バンド・スタイルからソロ・ユニットへと変遷を辿った30年だが、カッティング・エッジなダンス・ミュージックと、日本のポップ・ミュージックを、セルアウトすることなく折衷させようとトライする歴史であることが一聴して解る。現在、オーストラリア出身の詩人、ソングライター、DJ、モデルのRHYMEとのユニットRHYME SOに、ソロのShinichi Osawaの活動に加え、ヴィーガン・フード・ショップ〈THE NUTS EXCHANGE〉にミュージック・バー〈GINZA MUSIC BAR〉もプロデュースする大沢伸一の「歴史」、「今」、「これから」を訊いた。

新しいものとしてみんなが聴いているものって絶対古いものの影響を受けていますし、「古いものに価値がない」って思うのはやっぱり間違いだと思います

**山崎** 大沢伸一の30年のヒストリーを考えてみると、「こういう選択肢もあるよ」っていう提示を、その都度、リスナーに向けてやってきたんじゃないかなっていうことに気づきました。声高に叫ぶのではなく、「選択肢が1個ではなく、こういうのもあるよ」というメッセージを伝えていく姿勢が一貫しているのかなと。

**大沢** ありがとうございます。だから変な話、全員がJ－POPをやらなくてもいいっていう話ですよね。

**山崎** 収録曲のリマスタリングを施していくプロセスで、過去の楽曲についてどんなことを感じました？

**大沢** 例えば、ほんの10年ぐらい前なら、たぶん過去の作品に対する感じ方って、やっぱりすごい稚拙だなと感じる恥ずかしさの方が勝っていたんですけども、何かそこは通り越しちゃった感じはあります。厚かましくなったわけでもないんですけど、「その頃のことはその頃のこと」として、記録としてちょっとだけ愛情深く見られるようになったというか。

**山崎** 最近の作品やＲＨＹＭＥ ＳＯを聴いている、サブスク世代の若い世代がこのアルバムを通して大沢伸一の音楽を発見して、ヒストリーを遡って聴く楽しみを味わってもらえば嬉しいなと思いました。

**大沢** 本当、そう思うんですよね。未だに僕の知らない昔の音楽っていうのは当然ながらあるわけで。何かそういうものにネットを通じて日々出会えたりすることは、僕にとって音楽的に非常に大事なんです。「音楽っていうジャンルは、もう最新のものがすべて！」みたいな人もいますけど、僕はなんか逆に、「新しいものが古いものの中にある」という感じがします。新しいものとしてみんなが聴いているものって、絶対古いものの影響を受けていますし、「古

いものに価値がない」って思うのはやっぱり間違いだと思います。

**山崎**　こうやって今回、ヒストリーをコンパイルしたアルバムを聴いてみると、すごく一貫したものを感じたことが大きな発見でした。正直、大沢伸一の音楽性から考えたら、キャッチーさっていうのは近くて遠いところかと思っていたのに、選曲の妙も相まって、アルバム全編通してキャッチーなんですよね。バンドから始まってソロになったというスタイルの変遷も含め、その辺りの意識はありますか？

**大沢**　僕からすると、やっぱり、もう激変しているような気がしていて。1stアルバムなんかの曲で言うと、作曲の方法すらも分かっていなかったですから。そもそも、別に、（こうでなきゃ的な正しい作曲の）方法論はないんですよ。でもなんか今考えると「よく曲になったよな」と思いますし、むしろ「その状況に戻りたいな」と思って日々努力をしているところもあって。無知の力と言うか、知らないからこそできちゃうことってすごく多いし、大きいので。当時の音源から何かそういうものを非常に感じましたし、「あ、これでいいんだ」って思える、ちょっと根拠のない勇気みたいな、そういうものを非常に感じますよね。何が言いたいかというと、結局、僕が「作り方も何もわからない」と思っていた初期の頃を振り返って思った時に、「でも実は作り方なんてないんだろうな」という考えに至りました。逆に言うと、何も知識がないっていうことがいかに素晴らしいことなのかっていうことも分かるんですよね。これは本当に音楽家を目指している人、志している人に非常に伝えたいことでもありますけど、ロジックが分かることや、何かスキルが高いとか、そういうことって、一概に良い方向のことばかりではなくて、これはあくまで音楽に関しての僕の持論ですけど、「何かができるようになるっていうことは、同時に何かを失ってしまうこともある」っていうことは声を大にして言いたいです。

**山崎**　この30年で変わらないところを僕なりに勝手に定義するなら、やっぱり、エモーショナルさなんですよね。すごく理知的で穏やかで抑制が効く大沢伸一という人がいざ音楽に向かうと、すごくパッショネイトな側面が出るというか。長く追ってきた人間としては、その振れ幅の大きさが大沢伸一の魅力だなと感じています。

**大沢** ありがとうございます。僕は全然、理路整然ともしていませんし、あまり冷静でもないっていう。うまくそれを取り繕えるだけで、やっぱりすごく感情的にぶれますし、日々、本当にしょうもないことで一喜一憂しますし。ただ、ちゃんと自分自身と音楽が深く繋がっていられるのは、その部分なのかなと思います。

**山崎** それとやっぱり、これだけゼロからスタイルを自分で試行錯誤してクリエイトしてやってきて、それがある程度、商業的にもポピュラリティーを得ようかという絶妙なタイミングで、張本人たる大沢さんはそこからはスッと去ってしまうという繰り返しの歴史で（笑）。

**大沢** 本当、周りからは結構ブーイングですけど（笑）、その最たる例は、たぶん、birdのプロデュースをやっていた頃だと思いますね。当時、birdのプロデュース・ワークをやって、Mondo Grossoのアルバムを出して、その後に『FEARLESS』っていうパーティを西麻布〈YELLOW〉で始めた頃が、たぶん僕の中でも一番迷いがあった時期で。いろんな理由があって、あの時期に1回、birdの3rdアルバムのプロデューサーから外れたんですけども、あの状況を無理やり続けていたら、おそらく僕の今の状況はこれとは違うものになったと思います。誰かのプロデュースなどの（オファーいただいた）仕事で経済を得る生活と、自分のやりたいことを突き詰めるということが、まったく両立できないような時期になっていたんですよね。そこでもう、それまでの流れとは一旦決別して、今までやっていたこととまったく違うことをやりたいと思って、4つ打ちの音楽とか、もっとテクノの原型に近いようなものをやるためのパーティを始めたんですね。『MG4』のリリースから、まだ半年も経ってないわけですから、お客さんもちょっと困惑していて、実際、文句を言う人もいましたしね。

コロナ禍になった際、「今、何をやるべきかじゃなくて、やろうと思っていたこと全部やらないとまずいな」と思ったんですよ

**山崎** オーディエンスは「LIFE」的なものを聴きたくてパーティーに来たのに、肩透かしで（笑）。その瞬間を間近で見ていて、やっぱりすごいなと思いましたね。『FEARLESS』って、ご自分に言い聞かせるようなタイトルだったと思うんですよ。開催を重ねていくうちに結実化して、次のアクションが『NEXT WAVE』のリリースでした。見事に、試行錯誤されたことが果実として実りましたよね。その後、レーベルも移籍して、ソロ名義でアルバムをリリースしたじゃないですか。その時の取材では、「これからは個人として活動していくので、Mondo Grossoに対してちょっと距離を置くスタンスで」とおっしゃっていて。時を経て、もう一度、Mondo Grossoとしての活動に戻ったというのも興味深いんです。

**大沢** 以前のインタヴューでも言いましたけど、僕自身、休止とか解散とか、Mondo Grossoを終わらせたつもりもなかったので、逆に自分からは活動再開のしようもなかったんです。そういう状況でしたから、周囲のスタッフが「やりましょうよ」って言ってくれたのはすごく良かったと思いますね。で、今回（のアルバムリリース）もやって良かったと思いますし、今、Mondo Grossoとして活動していてもいい感じだと思いますし。（休止期間を置いたことで）なんか逆に、自分自身とMondo Grossoという存在が、いい距離を取れるようになりましたね。

**山崎** この1年間、コロナ禍という状況がありましたけど、大沢さんの中でマインドの変化ってどうでしたか？

**大沢** 覚えているのは、コロナ禍になった際、「今、何をやるべきかじゃなくて、やろうと思っていたこと全部やらないとまずいな」と思ったんですよ。たぶん、それが一番大きな変化だと思いますね。当時、多くの人が思っていたこ

とって、「中長期の予定を立てても、もう仕方がないな」ってことだったと思うんです。そこはたぶん、僕も同じで。音楽的には自分の中にＭｏｎｄｏ ＧｒｏｓｓｏとＳｈｉｎｉｃｈｉ Ｏｓａｗａ、ＲＨＹＭＥ ＳＯという3つの軸があって、その活動の下に例えばメディテーションの音楽をやり始めたりとか、選曲家やＤＪ、プロデューサーとしてのアクティヴィティとかいろいろありますけど、それら全部を順番立ててやるっていうよりは、起き上がった瞬間にインスピレーションをすぐに音にするとか、何かに着手するとか、思い立てばすぐにミーティングを持つとか、誰かに伝えるとかっていうことをあまり躊躇せずにするようになりましたね。結局、どんなジャンルの活動であれ、すべて自分の中のことなんで、「このアイデアを誰かに話して先々に向けて走らせながら、今日のタスクはこの仕事」みたいなマルチタスク的な仕事の進め方が、以前にも増してそういうスタイルになりました。もうランダムに手をつけて、悪い言い方をすると、ちょっと行き当たりばったりのやり方を採用するようになりました。

**山崎**　完璧主義者の大沢伸一から「行き当たりばったり」というワードを聞くとは驚きました（笑）。来年、２０２２年に関しては、どんなヴィジョンを描いていますか？

**大沢**　実は、Ｍｏｎｄｏ ＧｒｏｓｓｏだけではなくてＲＨＹＭＥ ＳＯとＳｈｉｎｉｃｈｉ Ｏｓａｗａ名義の新作アルバムも、もう骨組みができているんですよ。現状どうなるか分からないですけど、新作のリリースまでは間隔をあまり空けないつもりです。随時、新作をリリースしつつ、それにまつわるパフォーマンスもやろうと思っています。

『MONDO GROSSO OFFICIAL BEST』
発売中
〈A.S.A.B〉

# 大塚寧々

撮影　Takanori Okuwaki（UM）　スタイリング　安竹一未（kili office）

ヘア&メイクアップ　長縄希穂（MARVEE）　文　松坂愛

ニット（39,600yen）、スカート（50,600yen）／共に、ラシュモン（アペリア　tel.03-6876-2655）　ソックスつきサンダル（26,400yen）／カルチェグラム（デュプレックス　tel.03-5789-3109）　イヤリング（31,900yen）、リング（58,300yen）、ブレスレット（31,900yen）／以上、ラミエ（tel.03-6303-4206）　※すべて税込

どんな時も自分の気持ちに正直でいることが大事だと思います。自分がどう思っているのか、どう感じているのか、どうしたいのか

兆しというものは、いつも少し先にきっとある。そう信じて、着実に生きていかないといけない——そんなド直球な"生きること"に対するメッセージを感じられたのが、同名の漫画が原作となる映画『軍艦少年』だ。まるで登場人物たちそれぞれの意志を持った命の揺らぎ、輝きが目に見えるかのような高い熱量が存在していた。本作で大塚寧々が演じたのは、長崎・軍艦島の見える街に暮らす、喧嘩に明け暮れる主人公・坂本海星（佐藤寛太）の母・小百合。病に苦しみ余命わずかという状況ながらも、ひたむきに家族を想う。その姿は人が持つ感情のすべてを内包しているようで、胸を打つと同時に、日々の中にすでにある大切な存在に気付かせてくれる。海星、そして小さなラーメン屋を営む海星の父・玄海（加藤雅也）にとって、最愛の人物である小百合。のちにその彼女を亡くし、心の拠り所を見失った2人は何に生きる意味を見出していくのだろうか。

愛おしかったり、温かい気持ちになったり、観ていると「頑張れ」とか「頑張るぞ」と思えてくる

——今回の作品の台本を最初に読まれた時、どのような気持ちが残りましたか？

**大塚** 原作の漫画を最初に読んだんですけれども、ストレートに心に響いてくるものがある力強い作品だなというのが第一印象です。今は立ち入れる場所が限られてしまった軍艦島という場所も、昭和っぽさもすごく印象に残るなと感じました。

——大塚さんは、病のため入院している海星の母・小百合を演じられています。何を手掛かりにして演じられていきましたか？

**大塚** 病気を患っているがゆえに、息子もそうですし、夫も置いて死ななければいけない。息子は大きいとはいえ、母親からするとまだまだ心配な年齢で。身を切られるような想いでいるんですよね。だからその役をやっている間は、演じるというよりとにかくその気持ちでいました。

——残された時間がわずかという焦りがありながらも、加藤雅也さん演じる玄海と小百合の夫婦の絆の強さには物語の序盤からすごく気持ちを揺さぶられるものがありました。

**大塚** 現場に入る前に加藤さんがお電話をしてくださったり、何回か共演もさせていただいていることもあって、長年培ってきた夫婦の感じが空気感として出たのかなと。本当に加藤さんに感謝です。（Ｙｕｋｉ Ｓａｉｔｏ）監督もこの作品の前に『おっさんずラブ』という作品でご一緒していたので、まったく知らないという感じではなかったこともすごく良かった部分でもありますね。

——大塚さんにとって「気持ち」という部分は、役作りのベースにあることですか？

**大塚** そうですね。もちろん頭で考えたり組み立てたりすることも大切なんですけども、わりと若い時から「心で動け」という風に言われて育ってきたので、そこが私のベースにあるところかなと思います。例えば、（演出家でプロデューサーの）久世（光彦）さんだったり、泣くシーンがあっても「泣こうとするんじゃない」というようなことを教えていただいてきたんです。お芝居ってキャッチボールですし、何がどう変化するか分からないじゃないですか。なので、なるべく生の感情で動こうと思っています。台詞は決められているんですけども、台詞を言うという感覚ではなくて、その時の気持ちで動くことを大切にする、ということは昔からあまり変わっていないことかもしれないですね。

――キャリアを積まれた中で、役との向き合い方には何か変化はあったりしましたか？

**大塚** 長い目で見て変化したというよりは、どの現場においてもゼロから向き合うものなので、日々、作品ごとに暗中模索と言いますか。固まってしまってもいけないので、できかけた感情や芝居を壊してみたり、離れてみたりしているように思います。

――作品ごとにゼロに立ち戻るような感覚なのですね。今、コロナもまさにそうですけれど、不確かなものが多くある時代だからこそ、この作品の中にあるシンプルなメッセージがすごく響くところがありました。

**大塚** 例えば、ＳＮＳがここまで出てきたことで、情報が多かったり、難しい部分もあると思うんです。でも、この『軍艦少年』ってどこか昭和っぽくて、喧嘩をするのもストレートだし（笑）。そういう気持ちの良さがありますよね。それぞれの熱い想いがある作品だなと思います。

――ド直球に相手にぶつかることをしなくなっているだけに、忘れていた何かを思い出させてくれました。

**大塚** 今ってコンプライアンスの問題とかいろんなことがあって。例えば人間関係にしても、「どこまで言っていいのかな」とか「どこまで近付いて心配していいのかな」とか必要以上に気を遣い過ぎてしまったりすることがあるじゃないですか。それがこの『軍艦少年』の中だと、ストレート一発で、馬鹿なことを言うと「何、馬鹿なことを言ってんだ！」みたいな（笑）。その明快さは、実はすごく大事なことだなと私は思うので、それが伝わってくる映画だなと思います。あと、みんな不器用なんですけど、それでも一生懸命で。その感じが愛おしかったり、温かい気持ちになったり、観ていると「頑張れ」とか「頑張るぞ」と思えてくる。そうやって内側から湧いてくるものがあるくらい、人間としての大切な感情が描かれているなと思います。

――『軍艦少年』で描かれる家族は、要となる母親が欠けたことで大きく変化していきますが、大塚さんから見るとどんな風に感じられましたか？

**大塚** 今回はたまたま小百合が亡くなってしまうという話ですが、例えばこれが玄海くんだったら、玄海くんが要になるし、みんなそれぞれが要なんだと思うんですよ。家族で一艘の船というか。それでも残された者たちは、乗り越えていかなければいけない。でも、小百合を失ってあんなに酔っ払った玄海くんの感じや息子を見ていると、例えば死んでからでも、「ちょっと、ちょっと」と心配過ぎて言いたいぐらいの感じがありますよね（笑）。きっと、天国に行きたくても行けないだろうなって。

――玄海も海星もそうですけど、それぞれが自分自身を見つめていく、というのが物語の1つのテーマでもあるのかなと思いました。その中でも玄海は酒に溺れてしまいますが――目を背けたくなることが訪れた時、大塚さんならどう解決していきますか？

**大塚** うーん。物事によりますけど、逃げちゃいけない時もあると思いますし、逃げていい時もあると思います。

――乗り越える＝向き合うのではなく、逃げて乗り越えられることもあるといいますか。

**大塚** うん。それもいいんじゃないかなって。例えば、何かに悩んだ時に、「最初にこう言ったから絶対にこうしなきゃ」

とか「ああいう風に言っちゃったから」ではなく、考えが変わったら変えてもいいだろうし。それよりはどんな時も自分の気持ちに正直でいることが大事だと思います。自分がどう思っているのか、どう感じているのか、どうしたいのか。自分自身に対して正直じゃないと前にも進めないし、違う方向に行っちゃうと思うので、本当にシンプルに考えた方が良い気がしていますね。だから自分自身ではどう思うのか、どうしたいのか、ということに対しては勇気を持って進んでいいんじゃないかなと。もし、自分の気持ちに嘘をついても、それで良くなっていくと自分が心から思える状況だったらば、それでいいとも思いますし。それぞれどう思うかが大事なんだと思います。

――物語の中では登場人物たちの色々な想いが交差していきますが、小百合の家族への愛情はとても優しくて切なくて。その想いは、共感する部分があったりしましたか？

**大塚** 小百合の考え方は、すごく分かる気がします。玄海くんが「一緒に死のうか」と言った時、彼のことを小百合がすごく睨むというシーンがあって。彼女は怒っているんですけど、その気持ちも分かるし、でもただそれだけでは決してない。そこにはもう言い表せない、いろんな感情があったと思うんです。

――言葉の中にいろんな感情がギュッと詰まっているのはすごく感じるところでした。そして小百合は、芯の強い女性だと感じるところも多くあって。

**大塚** 確かに、強い人だなと思います。あとは、優しいですよね。小百合もそうですし、玄海くんも優しいんですよね。海星も、赤井（英和）さんや清水（美沙）さんが演じる役もそうで、みんなが優しいんですよね。そこがこの作品のすごく良いところだなと。喧嘩をしていたり、飲んだくれていたりする状況で、それぞれが弱さを抱えながらも優しいんですよね、本当に。

――人と人って、会話がなくとも通じ合えることがあるんだなということを改めて感じるような瞬間に立ち会っているような気持ちにもなりました。

**大塚** コロナ禍なので、なかなか人とも会えず、疎遠というか、距離ができてしまっているのが現状で。今までのように実際に会って、飲んで、話してというのができない時が続いている。だからこそ、特にこの何年かって、親や子供、友達同士でも大切に想う人を大事にしたい気持ちが改めて湧きましたよね。そういう時にこの『軍艦少年』のような作品を観ると、より心が温かくなるだろうなと思います。

――小百合は、家族にちゃんと愛を示すような人でもありましたが――大塚さんは、どんな時に相手から愛情を感じたりすることが多かったりしますか？ 例えば何か声を掛けてもらった時なのか。

**大塚** 私は、もちろん言葉も大切なんですけど、言葉というよりはその人の雰囲気というものを見ているかもしれないです。良い言霊もいっぱいあるんですけど、人間ってそうじゃない時もあるじゃないですか。なんとなくその人が本心で言っているのか分からなかったり、言葉だけはすごく良いことを言っていても、行動が違ったりすることもありますし。だから私は、その人の行動の方が信じられるかもしれないですね。例えば今もそうで、こうして「初めまして」で話している中で、どこまでお互いにどう言葉を伝え合えられるかなというのがあるじゃないですか（笑）。もちろん初対面だから言葉も大事なんですけれども、でも行動や誠実であることもすごく大事だなと思っていますね。

――例えば、撮影現場とかでも愛情を感じる瞬間というのは誰かのひょんな行動だったりしますか？

**大塚** そうですね。人って、それぞれ個性があって、ふとした瞬間にそれを感じられたりするんですよね。例えば、すごく面白かったんですけど――寛太くんが演じた海星のシーンで雨が降った後、という場面があったんですよ。で、そのシーンを撮るというので、寛太くんが「水、水」と言いながら、一生懸命、靴に水をかけていたんです。なんですけど、画には映っていなくて（笑）。その映っていないながら頑張っている彼の姿を見た時に、本当に息子みたいに、愛おしいというか、可愛いなという気持ちが湧いてきましたね。素直で純粋ですごくいいなと思いました。

――加藤さんとのエピソードで言うと、どんなことが記憶に残っていますか？

**大塚** 加藤さんとは――1つは、私が病室で食事を投げてしまうシーンが印象に残っています。あの時の「ごめん」も深い「ごめん」だし、「嫌」というのも深い「嫌」だし、あのシーンに関しては言葉もいらないくらいの感じだったなと思います。あとは歩いている時にお互いの手を握るシーンがあったんですけど、加藤さんはものすごく力強く握ってくれたんですね。私は病気で力が入らないので、最初は弱く握っていたんです。でも、加藤さんは力強く握ってくる。だから一生懸命、力を出そうとするけど、そんなに力は出ない。でも、最後に小百合も思いっ切り握ったんですよね。ああいうところは、映像では分からないですけど、気持ちが通じ合っているシーンだと思います。それは加藤さんと私にしか分からないし、加藤さんが覚えていらっしゃるかどうかも分からないんですけど。でも、すごく大きいことだったというか、良いシーンだったなと思っています。

――さっきおっしゃっていた心で演じていく、というお話に通じますよね。

**大塚** そうですね。台詞ではなく、加藤さんも私もお互いが気持ちで動いていたんだと思います。

――作品のタイトルにもなっていますが、物語は長崎の軍艦島の見える街が舞台で。以前から興味があったのですが、作品を通していつか近くまで行ってみたいなという気持ちがより膨らみました。大塚さんご自身は、軍艦島にどんなイメージを抱いていたりしますか？

**大塚** 今は廃墟みたいになってしまっていますが、私も行ってみたかったです。この撮影中も行きたかったんですけど、許可とかいろんなことが難しくて、遠くからしか眺められませんでしたけど、どこか切ない感じがしました。いっときはすごく繁栄していたのに。でも、それも時代だからしょうがないですね。

――5000人が家族のように暮らしていた時代があったのは、実は思ったより昔のことじゃないんだなと。作品では軍艦島内でも撮影されていて、当時のことを少し想像しながら作品を観られる感じがあって。

**大塚** あの軍艦島という島の中に全部があるという時代があったんですよね。きっと、良い意味でみんな人と人との距離が近かったのかもしれないですね。「あそこのおばちゃんがどうこう」とか、「おじちゃんがどうしていた」とか。東京だと歩いていても、誰かはほとんどが分からないじゃないですか。でも、そういうのではなく、なんとなく知っているとか、ちょっと近い感じだったんだろうなと。

――この作品からもそうなのですが、以前よりずっとエンターテインメントにパワーをもらっているような感覚がすごくあります。大塚さんご自身は、最近だとどんな作品から活力をもらったりしましたか?

**大塚** 本をよく読むんですけど――畠山健二さんが書いていらっしゃる作品で『本所おけら長屋』という時代小説があって、すっごく面白いんですよ。長屋の中で起きるすったもんだみたいな（笑）。人情だったりとか、温かさがあったり、それこそ笑いあり、涙ありで。ぜひ読んでみてください（笑）。本当にエネルギーをもらいましたね。人と会えない時期だからこそ、「おけら長屋」という長屋の中で、すったもんだしている感じがもうたまらなく素晴らしく感じられて。人っていいな、温かいなと思える作品でした。

©2021『軍艦少年』製作委員会
『軍艦少年』
監督／Yuki Saito　原作／『軍艦少年』柳内大樹〈講談社〉『ヤンマガKC』刊
出演／佐藤寛太、加藤雅也、山口まゆ、濱田龍臣、柾木玲弥、一ノ瀬ワタル、花沢将人、髙橋里恩、武田一馬、赤井英和、清水美沙／大塚寧々、他
12月10日より、〈ヒューマントラストシネマ渋谷〉他にて全国公開

# 安田 顕

撮影 映美 スタイリング 村留利弘（Yolken）
ヘア&メイクアップ 西岡達也（Leinwand） 文 堂前茜
ポロシャツ（26,000yen）／ヤシ（alpha PR tel.03-5413-3546） パンツ（26,500yen）／サヤモト（alpha PR） ※共に税別

支える人間がいれば支えられる人間もいて、日向を照らすためには影になっている人間がいるんだよなぁ、と考えることができるかもしれない。でも人は忘れるからねぇ。すぐ忘れちゃう

「写真がオシャレだねぇ。カッコいい！」と撮影中に声を掛けてくれる。「どう立てばいいかな、あれ？ なんか違うか（笑）」とカメラマンとコミュニケーションを取りながら場の雰囲気を和ませてもくれる。安田 顕という人の温かさや気遣いというものは、どんな役を演じても、どこかに滲み出ている。役柄が奇怪であっても、非現実的なキャラクターであっても、役の輪郭が人柄に裏打ちされているからか、作品の中で決して浮かないし、現実離れしても見えない。地味な男性の役でも、可笑しみや味わいが手伝って、じわじわと彼から目が離せなくなる。主演作『私はいったい、何と闘っているのか』では、スーパーのフロア主任を務め、家では典型的なマイホーム・パパという伊澤春男を演じた。普通のおじさんの役だ。が、安田がやるからには、ただの〝平凡〟では終わらない。

## 役名をもらえて台詞を喋れてお金までいただくって、こんなに嬉しいことはない

——李闘士男監督とは2度目となりますね。

**安田** ありがたいですよね。前回が『家に帰ると妻が必ず死んだふりをしています。』で、今回が『私はいったい、何と闘っているのか』ですからね、タイトルが長いなっていう（笑）。前は「妻ふり」って略したので、今回は「何たた」って略してくださいと言われたんですけど、「た」を変換する時に、ちょっと手間取る（笑）。小池（栄子）さんが受けてくださったのも、すごく嬉しかったですね。〈日テレ〉さんのドラマで夫婦役をやらせていただいていたものですから……。この作品の主人公は言葉足らずで、心の声がいっぱい出てくるんですけど、（共演が）初めてだと、どこまで踏み入っていいのかな？と遠慮しちゃったと思うんですが、小池さんとは2回目なので、思っていることを相談できたり、甘えるところは甘えさせてもらった気がします。

——脚本を読んだ時、まずどんなことを感じられましたか？

**安田** ありふれたものの中に、ジェットコースターみたいな心の機微を描いていて。ただ自分としては、このモノローグの長さをどう処理していくか？という実質的な問題を考えてしまったんです。これだけの尺のモノローグはやったことがなかったので。例えばこうやって話している時、ほんの1秒、2秒くらいの間でも、結構いろんなことを考えるじゃないですか。「次はどんな質問が来るんだろう」とか「この辺でこの話はやめておこうかな」とか。『東京大学物語』みたいな感じ（笑）。でもお芝居する時は、ポンッポンッと返していくので、どうしようかなと。（アフレコでは）「同じ声、同じトーンだぞ」と意識したり、いろんなアプローチがあると思うんですけど、色々とトライできたっていうのがすごく嬉しかったです。

――春男はいつもニコニコしていて、人当たりが良くて、でもちょっと空回りしちゃう。しかも全編に渡って、なので（笑）、ややもすると可哀想だなぁと思われかねないキャラクターでもあると思うんです。だけど安田さんが演じられたことで、悲壮感が漂わず、むしろ笑えてしまうのが良いなと思って。

**安田** あー、良かったぁ。ありがとうございます。笑わせようという意図でやったら、逆にお客さんが笑えなかったらどうしよう？というのがありますよね。だけど確実なことは本に書いてあるので、それにめちゃくちゃ真面目に取り組んだ結果の綻びとして、今言ってくださったような滑稽さが出た時、お客さんはクスリと笑ってしまうんじゃないかな？という気はしているんです。人が微笑ましく観てもらえるものって、その役に対して、その行動に対して、とにかく実直に、真面目に取り組んだ時に生まれるものだと思うので。

――とは言え滑稽さを結果的に表現するのってお芝居としてすごく難しいですよね。1歩間違えるとコミカルになり過ぎちゃうというか、塩梅は難しかったんじゃないかなと思うんですが。

**安田** 塩梅ですね……。やっぱりまずは、自分が持っているもの、培ってきたものがモノを言うというか、大事になってくるかもしれませんね。最初に流しそうめんを野球場でやる時に、僕が転んじゃって、そうめんが頭に降りかかるシーンがあるんですが、あれ1発撮りだったんです。そうしたらね、奇跡的に、そうめんが頭にボンって乗ったんですよ！　引きの時に！　その時に李監督が、「神様いたね！」って。そして、「安田さん！　その乗ってる状態で、カメラの方を向いたでしょ！」って。

――（笑）。

**安田** 「普通はね、そうやらないの！　〝この愚かなところを映せ！〟って感じでカメラを見たでしょ！」と（笑）。さっきの話と逆で、自分でやったら綻びも何もないじゃんっていう。「それができるのはね、あなたかセクシー女優！

大したもんだよ」と言われちゃいました。(笑)。つまり、おっしゃるように、無意識にそれだけに取り組むというのは、気持ちとしてあっても、自我があるので難しいなという話です(笑)。

――(笑)本作もそうですし、『俳優　亀岡拓次』なんかもそうですが、こういった、映画の企画としては成立しにくいような、ちょっと情けない主人公の役を、安田さんは引き寄せる力がありますよね(笑)。

**安田**　これはほんとにね、選んだことはないんですよ。もちろんマネージャーさんがね、企画というものを精査されて、お届けしてくださっているのかもしれないけど。自分で断る理由はないから。役名をもらえて台詞を喋れてお金までいただくって、こんなに嬉しいことはないし。もちろん、この辺りの番手に行きたいとか、こういう風にやりたいっていうエゴはありますよ。でも、それよりも何よりも、オファーをいただけるだけでありがたいことですから。どうなんでしょうね、引き寄せられているのか……李さんは、『夫婦善哉』みたいな本をやってみたいとずっと思われていたみたいですけどね。些細な日常の中にも、ドラマはいっぱいあって。生まれてから死ぬまで、なんだかんだ言って、人のことを羨んだりもするけれど、あなたは自分中心に考えているはずだ、あなたが主役なんだっていうことに気付かせてくれる映画。春男は、潔いくらい器の小さい人間。すごく優しいんだけど、ちょっとせせこましい人間。だけど僕にもそういう部分があると思うし、他の人もそういう部分があるんじゃないかなと、僕は思うんですよね。観た時に皆様にも感じてもらえたら嬉しいです。

――印象に残っているシーンの1つが、食堂の場面で。あそこだけ春男の精神世界みたいな感じに見えるのも面白いし、あそこでは心のつぶやきを声に出しているっていう(笑)。

**安田**　ありがとうございます。監督が喜びますよ。監督のアイデアで、「あそこは喋りましょう」って。

――で、食堂のおばあちゃんが春男に対して、「それだけ食えりゃ大丈夫だ」って言う。逆に言うと、春男はいろんなことが空回りして大変なのに、どんな時でも食べることができるタフさを持っているということで。

**安田** ほんとですね（笑）。

――安田さんとしては、「これだけできれば大丈夫だ」ということって何かありますか？

**安田** やっぱり、慌ただしい日常であっても、少しの余暇があれば十分ですね。と言うか、もっと言えば（笑）、焼酎が飲めれば大丈夫（笑）。お酒さえ飲めれば大丈夫だってところかな（笑）。

――結構前に安田さんにお話を伺っていた時、お酒を飲むのがとにかく楽しみだと話されていて。

**安田** 変わってないですね（笑）。

――「お酒のＣＭ来ないかな」って話されていました（笑）。

**安田** おんなじですね。ごめんなさいね、同じで。お酒のＣＭ来ないかなー（笑）。

――（笑）あと、最後に春男が（金子大地演じる）金子くんに、「俺も自分のことしか考えてないよ」というようなことを言うじゃないですか。あれがすごく印象に残りました。

**安田** そうなんですよね。

――彼がやっていることは、人のためにやっているように見えるし、周りからも、「人のことばかり」と言われる。だけど春男という人間にはどうにも、「カッコいい人でいたい」「そう見えたい」という願望がずっとあるんですよね。で、カッコいい人でいるためには、いい人でいないといけないし、人のことを考えざるを得ない。実は自分のことしか考えてないんだ、というのが深いなと思ったんですけど。

**安田** （脚本家の）坪田（文）さんが書いてくれたセリフは、「俺も自分のことばっかり考えてるよ」ではなく、「俺〟は〝自分のことばっかり考えてるよ」だったんです。だけど……やっぱり金子と春男との関係、春男の最後の目線というのは、金子に対して「上から目線」ではないんですよね。どっちでも受け取れるんだけど、「俺は」そう考えているよ、というのは、「あなたの考えは違うよ、あなたはあなたの考えでいいよ」っていうのと同軸ではあるんだけど、ここは同調したかったんですよね。「俺もそうだよ」って。それが上からなのか下からなのかは分からないけど、僕にとってはそっちの方が、金子に届くような気がしたんですよね。だから「俺〝も〟自分のことばっかり考えてるよ」と、〝も〟にしてくださいってお願いしたんです。

――みんな自分のことでいっぱいいっぱいです。利他的に生きるのは難しい。

**安田** ほんとですねぇ。

――だからこそ、春男のスタンスというか彼の生き方は、一度参考にしてみて欲しいというか（笑）。

**安田**（笑）春男の素敵なところは、〝裏アカ〟を知らないっていうことだよね。自分の中で完結しちゃっていることが健全的なのか不健全なのかは分からないし、そうやって生きてストレスが溜まらないのかどうかも分からないけど、利己の吐き出し方が違うなっていう。「それだけ食えりゃ十分だ」という場所があって、色々あっても、自分の腹の中で収めることができて。みんなも俺も、自分のことを考えるのは当たり前。ただそういう生き方を、わざわざ傷付けることはないでしょ、とは思いますけどね。

――春男を演じられたことで得たものというか、安田さんの中に今、残っているものはありますか？

**安田** 何だろう？　ま、お酒があって良かったなっていう（笑）。でも、お酒があってもなくても、人間の忘れっぽいところには救われますよね。忘れることができないと、キツいですもんね。だって、「あの頃ああだったよな」という記憶の掛け違いってすごく面白いし、それが「あの時ああ言ったよね」というマイナスのことであってもそうだし。ずっと正確に覚えているわけじゃない、自分の良いように変換もするだろうしね。毎日嫌なことを考えてはやっていられないですよ。「あの時の感謝の気持ち」というのも、ほんとは忘れちゃいけないんだけど、ポッと忘れちゃう。だけど、「忘れられる」ということはすごくいいことだなぁって、今話を伺っていて思いました。「ここで得たものはなんですか？」と言われた時に、「お酒を飲めることかな」って冗談話で逃げたけど、ほんとはね、忘れちゃって覚えてないんだよ。こうやってお話をすることで、思い出すけど。

――安田さんは、嫌なことを言われたりした時のネガティヴな気持ちは引っ張りませんか？

**安田** 引っ張る引っ張る！　すっごい引っ張るよ。

――（笑）どういう風にやりくりして生きていますか？

**安田** やりくりですか……やっぱりお酒に戻るなぁ（笑）。ただまぁ、なるべく先入観はなしにしようとは思っています。それがプラスであってもマイナスであっても、自分が実際に接して、自分にとってこの人はどうなのか。そこで決めてくしかないから。もしマイナスの印象だったとしても、例えばさ、その人の目でも口元でも見るとか。それがプラスになることもあるから。「あっ、この人はこういう滑稽な表情をするんだな」とか「昨日と同じ服を着てる、寝る時間なかったんだろうな、一生懸命働いてくれているんだろうな、ありがとう」みたいにさ。支える人間がいれば支えられる人間もいて、日向を照らすためには影になっている人間がいるんだよなぁ、と考えることができるかもしれない。でも人は忘れるからねぇ。すぐ忘れちゃう。

『私はいったい、何と闘っているのか』
監督／李 闘士男
原作／『私はいったい、何と闘っているのか』つぶやきシロー〈小学館〉
出演／安田 顕、小池栄子、岡田結実、ファーストサマーウイカ、伊集院 光、白川和子、他
12月17日より全国公開

# 柚希礼音

今年は本当に、より自分と向き合い、今までのように根性だけではできないこともあるということを学び、「自分の心に聴く」ことの大事さを実感しました

撮影　森康志　スタイリング　後藤則子
ヘア&メイクアップ　田中エミ　文　堂前茜
カーキドレス（ESCADA　tel.03-5843-8563）

元宝塚歌劇のトップスターという肩書きは柚希礼音に付いてまわるが、果たして柚希の輝きを目の前にすると、それはどこかへいってしまう。彼女にしか纏えない眩い光。それは——持ち前の〝華〟と宝塚で鍛え上げられた〝オーラ〟以上に彼女の輝きを支えているのは、ひとえに絶え間ない努力と、ひたむきな情熱である。不安を口にこそすれ、その表情は常に前を向いている。表現者として、どうしたらもっと上を目指せるか？こんなにも自身の向上を人生に置いている人がトップに立てるのだと、インタヴューをするたびに思う。そんな彼女の新作はミュージカル『ボディガード』。昨年、途中休演となってしまったが、満を持して、主人公のレイチェルを柚希礼音、新妻聖子、Ｍａｙ Ｊ．というトリプル・キャストで、彼女を守るボディガード・フランク役を大谷亮平という布陣で挑む。

## 気持ちを曲げずに、なんとか明日こそ、明日こそと、日々を過ごし、レッスンしています

――昨年のミュージカル『ボディガード』公演前は、大谷さんとの対談を『バァフアウト！』でやらせていただきました。大阪は5公演だけ行われましたが、本番はどうだったんでしょうか？

**柚希** そうですね。大谷さんは私の良さを出そうと、本番が始まってもお芝居を自由にさせてくれましたし、ミュージカルの人じゃない良さもすごく感じました。お芝居の人がミュージカルにいることで締まる。本当に、リアルなお芝居をされるから。例えばありがちな、『ボディガード』の幕開けと言えばこのくらい声を張ってこうだろう！というところがないんですね。それが良いなぁって。そこから私も刺激をいただいて、自分もリアルにいようと思いました。だから次も……あの時と自分の感じも変わっているだろうから、今の自分が思うレイチェル・マロンを……歌とかショーの方に頭が行きがちだけど、彼女の、スターだからこそみんなが持っている幸せがない、というような、深い部分も掘り下げていければと思っています。

――前のタイミングは、これから女性の役もどんどんやっていこう、という時期でした。

**柚希** そうなんです。だからかつい、「守られ役」というように捉えていたんです。『マタ・ハリ』の初演で、女性っぽく作ろうとしていたように。だけど今回はより大スター、もう自分のために世界が回っていると思っているくらいの大スターぶりを、特に前半に出していこうと思って（笑）。

――そこは前回とは違うところなんですか？

**柚希** はい。フランクのことをいずれ好きになるだろうというのが心の奥底にあるんですが、「あなたなんて本当は必要ない」というところから段々と心が通い合っていくストーリーがいいなと思うので。特に前半は、自分の生

活を乱されることがとにかく嫌な、自分中心のスター。ちょっとビッチなほどの感じを出していきたいです。例えばフランクに「ブランチに行ったらダメだ、危ない」と言われるんだけど、そこまで危ない人に狙われているとは分かっていないから、それよりも、スターならではの息抜きというか、友達と少しお話をすることがまたお仕事に役立つみたいな、大切なオフ時間を削られることがどれだけ嫌なことか、大騒ぎすることなのか、という辺りの表現とか。普通の人ならば「はい、分かりました」と嫌でも飲むことを、どうしても曲げられない。そういうものが彼女にはあるだろうし、そこまで自分に干渉してくるボディガードがいることも、調子が狂っちゃうことだろうし。自分を乱してくる、自分の生活を崩して入り込んでくる、とにかくそれは許せない！ そういった我の強さはレイチェルならではだと思うので。「この女、本当に強烈！」というくらいの方が、後半の変化も見て取れると思いますし。そこにリアルな想いが溢れてくればいいなって。

――柚希さんがやられると、性格に難ありみたいな役でも、どうにも好ましく見えてしまうところがあるのが不思議ですけど（笑）。『マタ・ハリ』も、最初は「?」と思うところはあったのに。

**柚希** （笑）『マタ・ハリ』は全ての女性に嫌われてしまえ！くらいの気持ちで作りましたしね。ただまぁスターにもいろんな形があって、例えば宝塚とかだと、みんなに目配りができる、みんなの気持ちが分かるのが美とされるスターだと思うんです。だけどレイチェルのようなスターはきっと、みんなのところに降りていくことができない、スタッフ全員の気持ちを察するスターではないと思うので。「みんながあたしのために動く、それが私だ！」っていう（笑）。そこを理解していくのは面白い作業ではありますけど。

――スタッフから見ても、「ほんとコイツ性格が悪い」というところがあっても、いざ彼女の歌を聴くと、「ついていきます」みたいに魅了される、圧倒的な歌唱力、歌の力を誇示しないとですよね。

**柚希** もう、すごくハードル上げたじゃないですか！

――いやいや（笑）。でもそれが肝ですよね。

**柚希** そうです。肝です（笑）。

――今回、歌はどうですか？

**柚希** 歌はやっぱり、ほんとに名曲過ぎて、みんなが「こう歌ってほしい」というのもあるだろうし。気持ちを曲げずに、なんとか明日こそ、明日こそと、日々を過ごし、レッスンしています。最終的には、自分が気持ちよく、酔って歌うような歌もいっぱいあるでしょうけど、「一生懸命挑みます！」だけではいけないところだと思うので、いろんな方々のお力を借りつつ、練習しているところです。

――ホイットニー（・ヒューストン）って、ルーツはゴスペルですし、ソウル・シンガーとも言えるアーティストだと思います。その辺りの機微というかニュアンスは意識されていますか？

**柚希** そう……ありがちな「心で歌ったらこう」みたいなだけではダメなところがあって、やっぱり、ゴスペルの技術が必要なんですよね。ＭＡＲＵさん（『ＲＥＯＮ ＪＡＣＫ』などに出演）とかに教わると、ヴィブラートもビートに乗っていて、歌い回しもやたら「ダラララン」とか付けるじゃないですか。あれも、ノリなんかではできなくて、本当に技術が必要、超練習がないと歌えないという話で。で、いざ歌う時は、気持ちでそうなっているように聴かせるじゃないですか？　だけど気持ちだけで歌ったら全然あんな風にはならないんです。だから両方を学びつつ、本番は心だけで歌っているようになれたらと思うんですが。

――とにかく基礎練みたいなのが必要なわけですね。

**柚希** 基礎練。「毎日メトロノームで、ちゃんと同じビートでヴィブラートが付けられるか、練習してください」と言われています。やっぱり聞き覚えがあるから、完コピしたくらいの歌い回しもやりたいですけど。

――確かに。テーマ曲「オールウェイズ・ラヴ・ユー」はあまりにも有名な曲ですからね。

**柚希** そう、だけど、曲数も多いからレッスンの時間もあっという間に過ぎて。「あっ！ まだまだこんなに曲数残ってる！」みたいな感じになっています（笑）。

――素朴な疑問なんですが、ミュージカルって曲数が多いじゃないですか。やってもやっても練習が足りない！みたいな境地になりそうな中、どういう力配分でレッスンしていくんですか？

**柚希** そうなんですよね。やっぱり劇団の時は、毎日毎日、部活的に朝から晩まで稽古をやっているうちに上手くなっていく。数を重ねていくうちに、「あっ、ここは弱くか、ここは強くか」と分かってくるんですが、今回のようなトリプルになると、稽古時間も3分の1になるので、（別のキャストの稽古を）観ている時間も多いんです。個人のレッスンは稽古の合間合間に入れ込んでやって。正直、「この時間にも練習ができたらな」と思うんですけど、観て学ぶこともたくさんあります。（新妻）聖子ちゃんとは前回ご一緒していたので、「なるほど、こういう風に歌い回したりするんだ」、「ここはこんなに自由でいいのか」と、色々勉強させてもらいました。「こうだよ」と教えてもくれるし、お互い高め合うことができる。Ｍａｙ Ｊ．さんともこれからお会いするのが楽しみで。

――ところで、本誌の発売が12月ですので、締めくくりということで……。

**柚希** 今年を締めますか（笑）。今年の幕開けは、『ＩＦ／ＴＨＥＮ』がなくなったことから始まって。いつかまたチャレンジする機会がきますようにという想いでいます。で、アイススケート・ショー『ＬＵＸＥ』があり、『マタ・ハリ』の再演、そして3年ぶりのソロ・コンサート『ＲＥＯＮ ＪＡＣＫ４』。初日から千秋楽まで全員欠けることなくできたことを味わえたのが、「こんなに幸せなことか」と、もう1度初心に戻ることもできました。きっと『ボディガード』の時も、まだ不安な想いを抱えている時期で、公演できる喜びを感じながら舞台に立たせてもらっているかと思います。今年は本当に、より自分と向き合い、今までのように根性だけではできないこともあるということを学び、「自分の心に聴く」ことの大事さを実感しました。「こっちとこっち、どれを今やらなきゃいけないんだろう?」というよりも、「自分がやりたいのはどっちだ?」と、自分の心に聴いてみることの大切さというか。

――ご自分と向き合い直して、改めて見えてきたことはありますか?

**柚希** やっぱり「やらなきゃ、やらなきゃ」と頭でっかちになったり、「こうであるべき」と考えるのは、もうしなくても良いのかな?と思えてきたことですかね。

――『バァフアウト!』の連載の時にもお伝えしましたが、『REON JACK4』での低音ヴォイスの解禁というか(笑)、ああいうのも、「こうあるべき」から解放されたことの1つだったんでしょうか。

**柚希** そうですね。ハロルド・プリンスさんというニューヨークの巨匠の方に、「声を高くしたいだろうけど貴女の低音は本当に大切にしなさいよ」と言われたことがあって。それでも、高音ばかり練習したのが何年も続きますけれど、ここまで低く出る女の人もなかなかいないんだから、ここは培ってきた宝として、「ここがあったらここがダメ」なわけじゃないから、両方ちゃんとできるようにしたいなと。色々と分からなくなると、全部がダメな気がするけど、学んでいる最中の〝今〟も大切にしていきたいなと思っています。

――あとあれですね、石丸(さち子)先生の、「『LUXE』から戻ってきたらオーラが戻ってる」の話じゃないですけど、輝かしいスターのオーラみたいなものは、本当に柚希さんにしか出せないものだと思いますので。

**柚希** 「スターが帰ってきた」の話ですね(笑)。私もそれ、大切にしなきゃいけないことだなって、よく思い出すんです。『マタ・ハリ』で、「歌が」、「なんとか初演に勝つんだ」とか散々やってきて、何日怒られてもできなかったのに、『ＬＵＸＥ』で、「柚希礼音を見せねば！」と思ってやって帰ってきたら、「それだよ、ちえちゃん！」と（笑）。何かを絞り出すんじゃないですかね（笑）、「柚希礼音として輝かねば！」って。『ＲＥＯＮ ＪＡＣＫ４』をやったことも良かった。『ボディガード』だと、どこかで比べられてしまうんじゃないか？とドキドキしていたんですが、『ＲＥＯＮ ＪＡＣＫ４』をしたら、「私には私の良さがきっとある！」と思えて。だから今回も、みんなと対抗するのではなく、「私の良さでレイチェル・マロンを深めるんだ！」という気持ちでできたらと。だからあれですね、時々「スターをせねばならん！」という場があると、戻るんじゃないですか（笑）。

――じゃあ定期的に『ＬＵＸＥ』をやっていただいて。

**柚希** 本当に（笑）。『ＬＵＸＥ』か『ＲＥＯＮ ＪＡＣＫ』をしたらちょっと戻りますから。だけど『ＬＵＸＥ』、次やらせていただけるとしたら一体何をさせられるか……（笑）。空中ブランコなのか？っていう（笑）。

ミュージカル 『ボディガード』
出演／柚希礼音・新妻聖子・May J.（トリプル・キャスト）、大谷亮平、他
2022年1月21日～31日まで〈梅田芸術劇場メインホール〉にて、2月8日～19日まで〈東京国際フォーラム ホールC〉にて上演予定

# 大谷亮平

撮影　ロブ・ワルバース（UN+PLUS+UN inc.）　スタイリング　伊藤省吾（sitor）
ヘア&メイクアップ　☆MIZUHO☆（vitamins）　文　堂前茜

豊かな人生を送りたいなぁと逆算して考えた時、自分1人で喜んでいても何も楽しくないですからね。それよりは地元の同級生が「観てるよ〜」と声を掛けてくれる、そんなちょっとしたことが、自分にとってやる気に繋がる

92年に公開され大ヒットした映画『ボディガード』がミュージカルとして舞台化される。昨年の初演は残念ながら大阪の5公演のみとなってしまったが、フランク役の大谷亮平は、「得たものの方が大きかった」と手応えを感じていた。聞き手のこちらが、「でもこういうところは大変ですよね?」などと聞いても、ネガティヴな気配は微塵も見せず、「いや、むしろプラスに捉えています」と返す彼は、実に頼もしい。そう、大谷という役者は、映像作品でもそうだが、主人公に酷く振り回されるような役にぶち当たっても、どこか地に足付いた安心感を与えてくれる。これは快く観劇する上で大事なことではないだろうか。主人公のレイチェルは柚希礼音、新妻聖子、May J. というトリプル・キャストだが、彼女たちの〝毎回の全力〟を受け止める役者としての度量を大谷からは感じる。

やりたいことを我慢しなくていいようにしています。
「これが今やりたいのにできない」ということがないようにする

――大谷さん、ひっきりなしにドラマなど映像作品に出ているイメージがあります。体調など大丈夫ですか？

**大谷**（笑）どうでしょう。でも僕は、仕事とプライヴェートでは、プライヴェートの方を重視する方なので。いや、重視というか（笑）、そちらも大事にしているので、結構大丈夫ですね。ずっと主演だったらキツいかもしれませんが、そうではないので、仕事をしながら、趣味やスポーツにも時間が取れていて。その日の撮影が終わって「お疲れ様でした～！」と言っている時点で、僕はもうオノになっていますし。もちろん、役は完全には離れられないものですが、意図的にでも、引きずらないようにしています。

――プライヴェートはどのように充実されているんですか？

**大谷** やりたいことを我慢しなくていいようにしています。「これが今やりたいのにできない」ということがないようにする。期間によってそれができない時はありますけど、何のためにこの仕事をやっているのか？を考えるのは、どういう生き方をしたいのか？の後にくる。元々自分が持っている考え方からズレないように意識しています。どう生きたいか？の中に、この仕事があるので……要は、豊かに生きられればなぁ、ということ。

――例えばですが今のような状況では、ご職業柄、気軽に外食できなかったりとか、色々と制約があると思うんです。バレーボールをいざやりたくても、1人ではできないですし（笑）。

**大谷**（笑）1人ではね。僕の場合はチームがあって、毎週練習するという決まりがあるので、ありがたいです。僕はでも、「あそこに行けない」というよりも、体型がボテっとなったりする方が、ストレスなんです。イライラしてくるんです（笑）。「重いな」というのがストレスになるので、環境はさておき、１人でも、身体を動かす。別に好きではやっていないです。「めんどくせ〜」と思いながらやっています（笑）。怠け者なので、ガッツリやると続かない、だからちょこっと、やるだけです。僕、ちょこっとやれば変わる方で。スポーツをやってきた土台があると思うので、それに助けられていますね。あとは海外ドラマを観たりして気分転換を。

――近年ではどういった作品が面白かったですか？

**大谷**『ウォーキング・デッド』、『プリズン・ブレイク』、『フレンズ』。昔からの名作を（笑）。『フレンズ』もどれだけ長いんだ？って感じですけど、みなさんが「ロスになる」という気持ちを初めて知りました。好きなキャラクターとお別れするのがこんなに寂しいんだって。

――ヒット作が多い韓国ドラマはどうですか？

**大谷** 最近の人気のある作品は観ましたね。お勧めされたものを。僕、観たら観始めるんですけど、観るまでが結構……「しんど〜」とか思っちゃう（笑）。でも最近、ハマりましたね。韓国語、忘れかけていたので、復習にもなりましたし、「あ〜、こんなこと言うよな、韓国の人って」と妙に納得したり。だいぶ字幕に助けられていますが、聞き取れる優越感もあるので（笑）。

――韓国ドラマって、観ていると韓国語が喋りたくなりますよね。

**大谷** そうそう、僕も喋りたくなります。現場でもね、韓国ドラマのファンが本当に増えているんだなって実感しますよ。いろんな現場で話題になるし、韓国語を投げかけられたりもします。そこで冗談でパパッって言い返したりしていたら、「あっ、その単語、知ってる！」って面白いやり取りが続いたりして。

――（笑）ではミュージカル『ボディガード』のお話を。昨年の公演はいかがでしたか？

**大谷** 僕にとっては初舞台ということで、中止となってしまったのは残念でしたが、長さは関係なく、1回目のスタートを切れた、ということが、大きなことでした。稽古をずっとやってきて、いろんなイメージが膨らんでいても、いざ本番の舞台に立たないと、分からないことってあるじゃないですか。それをずっと抱えていたので、舞台からの景色を観られただけでも、良い経験となりました。残念だっていうネガティヴな気持ちよりも――そういう感情にはもちろんなりましたけど、僕の中では得たものが大きかったんです。

――想像を超えたものがありましたか？　それとも想像通りでしたか？

**大谷** 両方ありました。「意識しちゃうなぁ」ということもあったり……。あの時は確か、お客さんがフェイス・ガードをされていたんですけど、ちょっとの動きでも、分かるんですよ。表情が動いたのが見えるんです。で、フェイス・ガードの反射が、頷いているようにも見える。審査員が「うんうん」って頷いているように見えてしまって(笑)。『ボディガード』の次にもう1本舞台があったんですが、5分、10分くらい、客席を見ている場面があって、「品定めされているな……」という動きに見えたりとか(笑)。あと、お客さんが入ったら声の出し方も変わりましたよね。「届けよう」という意識が強く働くんだと思います。

――前回、稽古前にお話を伺った時は、歌へのプレッシャーを感じていらっしゃいましたが。

**大谷** 面白かったのは……フランクは、「ちょっと音痴」という設定があったんです。クスクス笑われるようなだけどお客さんの反応が毎回、「笑っていいのかどうか」という感じで。つまり、「え……大谷これ本気？」、「ほんとに下手なの？」みたいな、そういう反応は面白かったです。公演したのは5回ですけど、毎回その違いを感じたので、「今日はどんな感じかな」という楽しみ方を自分の中に作ってしまったりして(笑)。

――映像との違いは、稽古だと思いますが、稽古の積み重ねは自信に繋がりましたか？

**大谷** そうですね。「これだけやったんだ」という自信よりも、信頼が生まれたのが大きかったです。『ボディガード』の時は稽古期間も長かったので、大きな絆がいろんなところで生まれていた気がします。

――今回トリプル・キャストじゃないですか。前回は柚希さんと新妻さんでしたが、同じように稽古をしてきても、やはりお相手によってフランクが変わる部分はあったんでしょうか？

**大谷** 意識的に変えてはないです。変わっている可能性はあると思いますが。ま、変わっているんじゃないかな。人が違うので（笑）。ただ、人によっての「対策」はないです。３人になろうと、レイチェルという役の柚希さん、新妻さんなわけで、レイチェルに変わりはないので。

――柚希さん、新妻さん、Ｍａｙ Ｊ．さんは、他の女優さんのお芝居を見たりして、「じゃあ自分はもっとこうしよう」とか、「自分なりにこう歌おう」とか、高め合うじゃないですか。

**大谷** 切磋琢磨っていうことですね。

――はい。で、大谷さんはそのパワーを１人で受け取り続けるっていう……。

**大谷** （笑）。

――毎回、女優陣の全身全霊が、大谷さんに向かってくる。

**大谷** こればかりは、やってみないと分からないですよね。30公演か……。前回、どなたかと話したのを覚えています。「1日2公演って、すごいよね（笑）」って。「あっ、こんな感じなんだ」というのを、前回は5日間やったわけだけど……かといってセーヴするわけにはいかないので……。

――柚希さんらは、１日２公演ではないですよね、３人いる分、スパンがある。

**大谷** そういう考え方もありますね。でも、気持ちの持ちようだと思います。体力的には、しんどいことではないと思うんです。そしてこのステージが自分にとって、「面白くない」とかストレスがあるのであれば、話は別ですけど、やりがいや面白さがあれば、乗り越えられるのではと思います。楽しみたいですね。逆に言うと、３人いるのは、僕にとってはプラスだと思います。気持ちを乖っけたいと思うので。技術、スキルでこなすというよりは、やっぱり気持ちをすごく乗せたい。毎回お相手が変わるのは、新たな気持ちに切り替えられたりもするので、そこはプラスですよね。

――本作における「やりがい」は、例えばどういうところにありますか？

**大谷** まず、この役がすごく好きです。ストーリーも好きだし。最初は仕事で出会って、そこから、彼女自身や彼女の歌、パフォーマンスによって、惹かれていくっていう。１ステージの中で、自分が気持ちを乗せやすいストーリーなんですよね。観終わった後、その日だったり、次の日だったりも、フランクが気になる存在というか、「良かったよなぁ」と思ってもらえるように頑張ることが、やりがいになると思っています。

――柚希さんだったら、宝塚で培われたもの、Ｍａｙ Ｊ．さんだったら、歌をずっとやり続けられてきたこと、など人にはいろんなバックボーンがあると思いますが、大谷さんを支えるものは何だと思いますか？

**大谷** 僕を作ってきたものは、やっぱりバレーをやってきたことで、未だにそっちへの想いが強過ぎなくらいで。だけど、自分を作り上げてきたものより、自分は今、何のためにやっているんだ？　何が面白くてやっているんだろう？という風に考えると……でも「バレーをやってきたから」って、ちょっとダサいですよね（笑）。

――ダサくはないと思います（笑）。

**大谷**「で？」みたいな（笑）。さておき、１つ言えるのは、周りの人間かな、と思います。自分だけが喜んでやっていれば満足なのか？というと、そうじゃないんですよね。周り――家族や親戚、友達やスタッフ、そういう人たちが喜んでくれたら自分も嬉しいなと思います。「周りに感謝しています」という綺麗事の話ではなくて、自然と「周りの人のため」と口から出てくるようになった。それが今の自分の支えになっていて、やる意味にも繋がっていて。だから身近な人に文句を言われると腹が立つし、「良かったよ」と言われると嬉しいし。そこを排除してはもう考えられないですね。最悪、自分が満足できなくても、周りが喜んでくれるのなら、「みんなが納得しているならいいか」と思える。そちらに応えたい気持ちが強いんでしょうね。

──「自分自分」っていうステージにはもういらっしゃらないんですね。

**大谷** でも自分、ですけどね（笑）。ただ、豊かな人生を送りたいなと逆算して考えた時、自分1人で喜んでいても何も楽しくないですからね。それよりは地元の同級生が「観てるよ～」と声を掛けてくれる、そんなちょっとしたことが、自分にとってやる気に繋がるし、そういうことなんじゃないの？と思います。

ミュージカル 『ボディガード』
出演／柚希礼音・新妻聖子・May J.（トリプル・キャスト）、大谷亮平、他
2022年1月21日～31日まで〈梅田芸術劇場メインホール〉にて、2月8日～19日まで〈東京国際フォーラム ホールC〉にて上演予定

# 名球会、伝説の名選手たちの肖像

# 藤田 平

対話&撮影　山崎二郎　文　吉里颯洋　編集協力　菊地伸明（未来サポート）

投手は200勝または250セーブ、打者は2000安打を記録した名選手が集う名球会。一握りのトップ・プレイヤーのインタヴュー連載。今回は1965年に阪神タイガースに入団、19年の現役生活で、通算2064安打、207本塁打、802打点を記録した藤田 平選手にご登場いただいた。

それぞれ考えが違う、その時々の監督やコーチの言うことを聞いとったらね、いつまでもフォームが定まらない

**山崎** 56歳ながら草野球に打ち込んでいるんですが、藤田選手のバッティング・フォームを参考にしています。藤田選手の場合、昨今の選手たちに多い、前足を上げてタイミングを取るスタイルではないですが、どのようにタイミングを取っていたのでしょうか？

**藤田** ステップは摺り足やね。タイミングは膝で取りつつ、ピッチャーが投球動作に入ったところで一度前方に重心をかけ、ピッチャーがトップに入ったところで（重心を軸足側に移動して）トップに入るという形やね。

**山崎** ステップは摺り足でも、スイングの始動は結構早いですよね。

**藤田** 今の若い打者は「動」を「静」で受けるところがあるけど、僕らの考えだと、「動」を「静」で受けるというかね、打席で動きながらタイミングを取るイメージやね。僕の場合、足は上げないけど、イチローと同じで、「動いているボールに対して動いて対応する」というスタイルだね。

**山崎** そうした考え方は、高校時代から一貫していたんでしょうか？

**藤田** プロ入りしてもあまり変わってないね。ただ、プロに入ってからコーチに直されたよ。自分は（フォームの追求を）自分でやるという考えやったから。僕は、打席で後ろ足が動いたんですよ。高校の監督にもプロ入り後のコーチにも、「後ろ足は動かすな」と言われたけど、「俺は軸足を動かさんと打たれへん。これは自分の持ち味やし、このフォームで打っていこう」という考えで打っとったね。振り返ると、僕は19年間現役をやって、仕えた監督は10人もおるねん。平均すると1年少しで交代や。つまり、それぞれ考えが違う、その時々の監督

やコーチの言うことを聞いとったらね、いつまでもフォームが定まらないからね。

**山崎** プロ入り当時、プロの壁を感じたことはありましたか？

**藤田** プロに入った時に、プロの壁は痛切に感じたね。アマチュアと一番違うのは、スピード感。ピッチャーの投げるボールはもちろん、打球の速さやダブルプレイとか連携プレイの速さとか、全てにおいてね。

**山崎** プロ入り2年目でいきなり、154安打、打率.291を記録しています。ルーキー・イヤーに感じたプロの壁は克服して、何かを掴んだ感触はあったのでしょうか？

**藤田** 1年目はとにかく非力やから、打球が外野の頭を越えなくてね。その年のオフは、自分で思いついたトレーニングをしたんですよ。その甲斐あって、2年目は打球が外野の頭をボンボン越えたんや。

**山崎** 具体的にはどんなトレーニングをされたんでしょうか？

**藤田** 自分でバーベル買うてきたり。オリックス・バファローズの吉田正尚がやっとるハンマー投げもやっとった。兄貴が3人おるんですけど、3人とも陸上競技をやってて、ハンマーも家にあって始めた感じやね。これは、一石二鳥ならぬ一石五鳥くらいの効果やった。内転筋、腰回りの筋肉、膝も強うなるし、手首の力はもちろん、腕力そのものも鍛えられるやろ。

**山崎** 力みがないフォームは、ハンマー投げで鍛えた全身の力があればこそだったんですね。インパクトの瞬間にだけ力を入れるようなイメージで打っていたのでしょうか？

**藤田** 「トップからインパクトまでの間だけ速く振ったらええ」とプロ入り後によく言われたよね。そう思えば、無駄な力みもなくなるでしょ？

**山崎** スイングの途中でもバットのヘッドがすごく立っているような印象があるのですが、何か特別な意識づけをされていたのでしょうか？

**藤田** 特別な意識はなく、自然にそうなってたな。

**山崎** バックスイングが大きい昨今の選手と比べて、トップからインパクトまで、そのままバットを下ろしているように見えるんですが……。

**藤田** スイングで楕円を描けばいいだけでね。（最近のスイングの傾向として）ゴルフみたいに大きな円形を描くスタイルが多いんやな。その打ち方だと、強く振らないと飛ばないんよ。

**山崎** 片手を離さず、身体に巻きつくようなフォロースルーも印象的です。

**藤田** それはね、鞘から刀を抜くという感覚でスイングしてた成果でね。そのイメージで振れば、自然にグリップエンドが先行してヘッドが遅れるスイングになる。ベンチのバットケースからスムーズにバットを抜く練習は、中学、高校時分からやっとった。この意識が足りない今の選手はインサイド打ちが下手やな。

**山崎** その意識で振れば、必然的にスイングがインサイド・アウトの軌道になりますよね。ところで、前任者で名手の吉田義男さんから内野の要であるショートのレギュラーを引き継ぐにあたって、プレッシャーはなかったですか？

**藤田** 自分がショートを守るようになったことで吉田さんがセカンドに回ったけれど、吉田さんの前任の長谷川善三さんも名手やったし、「阪神タイガースの内野守備は鉄壁」という伝統があったから。エラーでもすれば、「吉田はうまかったのに、今のショートは何や！」とかヤジられるんやから（笑）、ヤジられんようにしっかりやろうと思ってしっかりやりましたよ。

**山崎** 「自分はプロでやっていける」という実感が持てたのは、プロ入り何年目くらいでしょうか？

**藤田** それはもう、2年目のシーズンを終えてからやね。

**山崎** 若干19歳にして、確固たるものをつかんでいたんですね。先ほどハンマー投げトレーニングの効果はうかがいましたが、それ以外にバッティングの技術面でつかんだものはあったんでしょうか？

**藤田** スイング自体は変わってないと思うんだけど、（トレーニングの成果で）スイング・スピードが速くなったし、打球の質も違うてきた。ライナーで野手の頭を越えていくようになったね。

4月に怪我して7月にアメリカに行ったんや。もし、あのまま、アメリカに行ってなかったら、俺の選手寿命は終わっとる

**山崎** 藤田選手ならではの逆方向への芸術的なバッティングは、どんな意識でおこなっていたのでしょうか？

**藤田**「アウトコースは流す、インコースは引っ張る、真ん中の球はセンター返し」っていうのが、僕が考えるバッティングの基本でね。高校時代のルーティンだったこの練習をプロ入りしても続けてきた成果かなと。

**山崎** 6年目の１９７１（昭和46）年には、ホームラン28本を記録しています。

**藤田** あの年はね、田淵幸一さんが（頭部へのデッドボールで）怪我したんや。で、本来は4番バッターではない僕が4番を打つことになり、打率を．２７０くらいに下げても長打を打たないかんということで打ったわけ。

**山崎** この年の打率は．２７２でしたが、内野の要のショートを守りながらの成績ですから誇れる数字ですよね。

**藤田** 3割打者が珍しかった当時は、．２７０でもよう打ってる方でね。打率ランキングで3割以上なのは王 貞治さん独りの年もあったし、．２９４で安藤統男さんが2位になったこともあった。

**山崎** と言うことは、この年は「狙って長打を打つ」という意識があったわけですね。

**藤田** そう。他の打順を打つのとは違うて、4番となると走者を返さないかんという頭があるし。

**山崎** 長打狙いのバッティングにモード・チェンジしてしまうと、元来のバッティング・フォームに戻しづらくなると、素人ながら想像するのですが、翌1972(昭和47)年は田淵さんも復帰されて、元の打順の3番に戻ったわけですが、よく1年で元のフォームに戻せましたね。

**藤田** 元のフォームに戻すのは簡単や。身体が覚えてるから。

**山崎** 1979(昭和54)年、選手生命に関わるような、左足の負傷がありました。負傷当時、一塁守備につかれていたということですが、どのような状況で大怪我に至ったのでしょうか?

**藤田** 〈神宮球場〉でのヤクルトスワローズ戦で、一塁で野手からの送球を捕球する際、足元が少しぬかるんどった。スライド気味に逸れた送球にミットを伸ばした時に、前に出した左足がズルッと滑って「股裂き」のような状態になったわけ。アキレス腱が断裂する際にも破裂音が聴こえるらしいけど、あの時もごつい音がしたね。その場に倒れて、中西 太さんに背負われてベンチに戻り、「うわー、あかんわ」と思って救急車で〈慶應義塾大学病院〉に運ばれて。大腿筋にある太い筋肉数本のうち、1本がバーンと切れたわけ。医者に診てもらったら、「全治1週間です」と言われて。再度診てもらうと、「全治1カ月です」という診断でな。(経過が思わしくなく)しまいには、当時のドン・ブレイザー監督が「日本の医者は『全治1週間、1ヶ月』や言うけど、藤田は治ってこんやないか」と怒り出してね。アメリカで半月板損傷の治療が成功した(チームメイトの)マイク・ラインバックのことも後押しになって、「藤田もアメリカで治療してこい」と言うてくれた。監督と球団社長と話し合って、確か、4月に怪我して7月にアメリカに行ったんや。もし、あのまま、アメリカに行ってなかったら、俺の野球人生は終わっとった。

**山崎** 渡米するまでにかなりの時間を要していますが、怪我した当時、ご自分の感覚ではどれくらいで治るとお考えでしたか？

**藤田** いやぁ、やった時点で「もう（選手生命が）終わったかな？」と思った。アメリカに行ったのは、藁にもすがる気持ちでね。アメリカの医者曰く、「何で日本の医者は手術をせなんだ？」と。手術前の契約時には、「負傷してから数ヶ月が経過しているゆえに、これから手術をおこなうなら大手術になる。術後に元通りに回復するかは分からん」という見立てでね。手術後に患部の周囲の筋肉を鍛えるトレーニング方法などの指導を受けて、3週間のリハビリの後に日本に帰れて。帰国してトレーニングを続けていると、日本の医者は「そんなリハビリ、日本でもできるわ」とか言うわけ。腹立ったよね。アメリカで治療してなければ、安打数も1500本くらいしか打てなかったはずや。「何とか2000本打ちたい」と思って、負傷後も頑張ったんやけどな。当時の日本のスポーツ医学は今ほど進んでなかったから、アメリカに行かせてもろうて良かったと思う。

**山崎** 渡米中にメジャーリーグの試合をご覧になったりはしませんでしたか？

**藤田** 行った、行った、行った！　刺激になったのは、日本人にはない、お客さんも選手も野球を楽しんでる感覚というかね。例えば、メジャーリーガーは試合中にガムを噛みながらプレイしてるでしょ？　「ああいうリラックスした感覚でプレイできたらええやろな」と感じたりね。すごい勉強になったね。現役の間に、シーズン中のメジャーリーグを目の当たりにできたのは僕ぐらいじゃないかな？

「下半身はアウトローを打つ感覚、上半身はインサイドを打つ感覚で身体を使う」という理論に行き着いた。首位打者を獲ったのはその後や

**山崎** 驚くのは、大怪我をされた翌年の1980（昭和55）年には、313打席で、打率．304を記録しているんですよ。バッティングに関して、何かしらの覚醒、進歩があったのでしょうか？

**藤田** 練習を重ねる中で「意識的に上体と下半身を別々に使うという理論にたどり着いた」というかね。噛み砕いて言うと、「下半身はアウトローを打つ感覚、上半身はインサイドを打つ感覚で身体を使う」という理論に行き着いた。首位打者を獲ったのはその後や。この理論だと、ピッチャーのボールがインサイドに来たら上半身はそのままで腰だけ回せばいいし、ボールがアウトサイドに来たら上半身を外寄りに持って行けばいい。

**山崎** それって、実践が超難しい理論じゃないでしょうか？

**藤田** 難しいよ。簡単にできるなら、みんな打つわな。僕から見て、この理論が当てはまる打ち方をしてるのは、落合博満、イチロー、今岡 誠の3人だけでね。この感覚が分かるかどうか、以前、取材で今岡に訊いたことがあんねん。「分からない」と言うとったけど……。

**山崎** 無意識のうちに、この打ち方を今岡選手も実践できていたと。怪我から復帰した2シーズン目、1981（昭和56）年には、107試合出場で、．358という高打率を記録、見事に首位打者に輝きました。成績的にはベスト・シーズンにあたるこの年はどんな年でしたか？

**藤田** その年の出場が少ないのは、チーム内で結膜炎が広まるという事情があってのことでね。治療のため、病院から〈甲子園球場〉に通っとった。結果、片目の視力が1．5から1．0にまでなってしもうて、（体調によっ

ては試合を）ちょっと休ませてもろうたりで。

**山崎** 左右の視力のバランスが崩れるというハンデがありながら、この高打率とはさらにすごいですね。

**藤田** その時は（ショートよりは視力の衰えの影響が少ない）ファーストやったけどな。人生、いろんなことがあるわな。

**山崎** 藤田さんの場合、苦手なコースはなかったのでしょうか？

**藤田** 僕らの時代は「真っすぐを待ちつつ、変化球にも対応する」という感覚が主流でね。今の子は球種も含めヤマを張るけど（データ重視の）ノム（野村克也）さんの悪い影響やな（笑）。だから、対戦相手のチームが多いメジャーで、相手ピッチャーの配球まで細かく読まなくても対応できるイチローはまさに天才ということやね。

藤田平（ふじたたいら）／和歌山県出身。1947（昭和22）年10月19日生まれ。1965（昭和40）年、市立和歌山商高からドラフト2位で阪神タイガースに入団。現役生活19年で、2064安打、207本塁打、802打点を記録。球団史上に輝く、稀代のヒットメーカー。1年目から68試合に出場し、2年目の1967（昭和42）年には154安打を放ち、セ・リーグ最多安打で遊撃手のベストナインに選出。1978（昭和53）年には一塁手に転向。アメリカでの手術を敢行した左足の肉離れを克服し、1981（昭和56）年には篠塚和典とデッドヒートの末、1厘差の.358で初の首位打者を獲得。1983（昭和58）年、阪神の生え抜き選手として初の2000安打を達成。1984（昭和59）年、チーム新記録（当時）の2010試合出場を達成して現役を引退。野球評論家を経て、1995（平成7）年に阪神タイガースの二軍監督に就任。同年7月より一軍監督代行を務め、翌年には監督に就任。その後、社会人、独立リーグ複数球団の監督を歴任。

STEPPIN'OUT!
JUNE 2020
VOL.13 600円（税抜）
COVER STORY /
岡田准一
ASKA、石橋蓮司、伊東輝悦、田中 泯、玉木 宏、常盤貴子
STEPPIN'OUT! presents Movilist
ムーヴィリスト、初春の松江、出雲を往く

STEPPIN'OUT!
OCTOBER 2020
VOL.14 600円（税抜）
COVER STORY /
妻夫木 聡
岡本健一、緒川たまき、窪塚洋介、小泉今日子、豊原功補、仲間由紀恵、行定 勲
STEPPIN'OUT! presents Movilist
鈴木理策、佐久間由衣、ムーヴィリスト、那須高原を往く

STEPPIN'OUT!
DECEMBER 2020
VOL.15 600円（税抜）
COVER STORY /
堤 真一
黒沢 清×蒼井 優、升 毅、豊原功補、小泉今日子、中村獅童、井浦 新
STEPPIN'OUT! presents Movilist
佐久間由衣、星野佳路（星野リゾート代表）、ムーヴィリスト、金沢を往く

STEPPIN'OUT!
FEBRUARY 2021
VOL.16 600円（税抜）
COVER STORY /
東山紀之
木﨑賢治、横山 剣（クレイジーケンバンド）、鈴木保奈美、トータス松本、吉田 羊
STEPPIN'OUT! presents Movilist
ムーヴィリスト、11月の軽井沢を往く

STEPPIN'OUT!
APRIL 2021
VOL.17 600円（税抜）
COVER STORY /
役所広司
宇崎竜童、草刈正雄、坂本昌行、西川美和、菅野美穂、峯田和伸、広末涼子
STEPPIN'OUT! presents Movilist
ムーヴィリスト、冬の沖縄、小浜島を往く

STEPPIN'OUT!
JUNE 2021
VOL.18 600円（税抜）
COVER STORY /
江口洋介
きたろう、竹中直人×山田孝之×齊藤 工、田口トモロヲ×松重 豊×光石 研×遠藤憲一、竹野内 豊
STEPPIN'OUT! presents Movilist
ムーヴィリスト、冬の京都を往く

STEPPIN'OUT!
AUGUST 2021
VOL.19 600円（税抜）
COVER STORY /
柚希礼音
茂木欣一、西田尚美×市川実和子、高岡早紀、秋山竜次（ロバート）、HIRO KIMURA

STEPPIN'OUT!
OCTOBER 2021
VOL.20 600円（税抜）
COVER STORY /
オダギリ ジョー
沢口靖子、仲村トオル、永瀬正敏、武田真治、吉瀬美智子、ムロツヨシ

STEPPIN'OUT!
DECEMBER 2021
VOL.21 600円（税抜）
COVER STORY /
西島秀俊×内野聖陽
草笛光子、岩城滉一、杉本哲太、津田寛治、渡部篤郎、大倉孝二

Movilist
ACTION 1 980円（税抜）
COVER STORY /
1984年と2014年。『VISITORS』から『MOVILIST』へ。佐野元春と往くニューヨーク
波瑠、大谷健太郎、安藤美冬、木村文乃、江口研一、大沢伸一、若旦那、他ESSAY/江 弘毅、谷中 敦（東京スカパラダイスオーケストラ）

Movilist
ACTION 2 980円（税抜）
COVER STORY /
『ナポレオンフィッシュと泳ぐ日』から『BLOOD MOON』へ。1989年と2015年。佐野元春と往くロンドン
江 弘毅、山崎二郎、佐々部 清、市川紗椰、今井美樹、安藤美冬、江口研一、永瀬沙代

Movilist
ACTION 3 980円（税抜）
COVER STORY /
A Treasure Found in Iriomote Island, Okinawa 柚希礼音、沖縄・西表島で休暇を過ごす
波瑠、大谷健太郎、笹久保 伸、タクシー・サウダージ、山崎二郎、木村文乃、永瀬正敏、本田直之

# BACK NUMBER

STEPPIN'OUT!
WINTER 2008
VOL.1 1,000円（税抜）
COVER STORY /
横山 剣（クレイジーケンバンド）
宇崎竜童、大沢伸一、奥田民生、辻 仁成、童子-T、長谷川京子、ポール・ウェラー、リリー・フランキー

STEPPIN'OUT!
SPRING 2009
VOL.2 952円（税抜）
COVER STORY /
松任谷由実
吉井和哉、紀里谷和明、工藤公康（横浜ベイスターズ）、辻 仁成、冨田恵一、ムッシュかまやつ、横山 剣（クレイジーケンバンド）

STEPPIN'OUT!
SUMMER 2009
VOL.3 1,238円（税抜）
COVER STORY /
矢沢永吉
ウィル・アイ・アム（ブラック・アイド・ピーズ）、工藤公康（横浜ベイスターズ）、竹中直人、小宮山 悟（千葉ロッテマリーンズ）、紀里谷和明、石井琢朗（広島東洋カープ）

STEPPIN'OUT!
WINTER 2010
VOL.4 1,429円（税抜）
COVER STORY /
鈴木雅之
大瀧詠一、小林和之（EPICレコードジャパン代表取締役）、田代まさし、丹羽昭男（エス・エス・エスシブヤ楽器代表取締役）、槇原敬之、山口隆二（元〈ルイード〉代表取締役）、湯川れい子、浅野忠信、小久保裕紀（福岡ソフトバンクホークス）、辻 仁成、トム・フォード、バッキー井上、本木雅弘、山崎武司（東北楽天[illegible]）

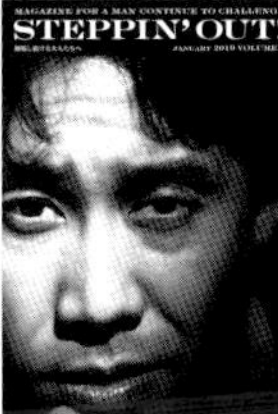


STEPPIN'OUT!
JANUARY 2019
VOL.5 1,200円（税抜）
COVER STORY /
大泉 洋
渡部えり、時任三郎、SHERBETS、小宮山 悟、遠藤憲一、中村紀洋、古田新太、新羅慎二（若旦那）、塚本晋也
STEPPIN'OUT! presents Movilist
ムーヴィリストというライフスタイル〜福岡・上五島編
BLACK & WHITE MEMORIES OF TURKEY by 永瀬正敏

STEPPIN'OUT!
MARCH 2019
VOL.6 1,200円（税抜）
COVER STORY /
安田 顕
奥田瑛二、三上博史、香川照之、永瀬正敏、藤倉 尚、大森南朋、安藤政信、鈴木尚広
STEPPIN'OUT! presents Movilist
ムーヴィリスト、冬の長崎〜熊本を移動し、愉しむ

STEPPIN'OUT!
JUNE 2019
VOL.7 980円（税抜）
COVER STORY /
スガ シカオ
滝藤賢一、谷中 敦（東京スカパラダイスオーケストラ）、原 恵一、亀田誠治、SODA！、上川隆也、長谷川京子

STEPPIN'OUT!
AUGUST 2019
VOL.8 980円（税抜）
COVER STORY /
三上博史
高橋源一郎、近田春夫、宮沢和史、ノーマン・リーダス、武田大作、多村仁志
STEPPIN'OUT! presents Movilist
ムーヴィリスト、尾道、会津、松山を往く、ムーヴィリスト、金沢を往く

STEPPIN'OUT!
OCTOBER 2019
VOL.9 980円（税抜）
COVER STORY /
オダギリ ジョー
橋爪 功、北大路欣也、柄本 明、舘ひろし、横山 剣（クレイジーケンバンド）、中井貴一、唐沢寿明、吹越 満、沢村一樹、渡部篤郎
STEPPIN'OUT! presents Movilist
ムーヴィリスト、北海道を往く featuring 広瀬すず

STEPPIN'OUT!
DECEMBER 2019
VOL.10 980円（税抜）
COVER STORY /
佐野元春
瀬々敬久、松重 豊、松尾スズキ、仲村トオル、坂井真紀、西島秀俊、白石和彌、窪塚洋介
STEPPIN'OUT! presents Movilist
ムーヴィリスト、東山、富良野、稚内、沖永良部島を往く

STEPPIN'OUT!
FEBRUARY 2020
VOL.11 980円（税抜）
COVER STORY /
久保田利伸
市村正親、江口洋介、大沢たかお、藤木直人、永野
STEPPIN'OUT! presents Movilist
ムーヴィリスト、沖縄・西表島、竹富島を往く、星野佳路（星野リゾート代表）

STEPPIN'OUT!
APRIL 2020
VOL.12 600円（税抜）
COVER STORY /
東山紀之
寺脇康文、永瀬正敏、織田裕二、吉田栄作、大泉 洋×小池栄子
STEPPIN'OUT! presents Movilist
ムーヴィリスト、冬の青森を往く

# “コンピレーションCDシリーズ『middle & mellow』計8タイトルがリリース中です”

選曲＆監修・山崎二郎（ステッピンアウト！）jiroyamazaki

## what is middle & mellow?

R&B、ヒップホップ、J-POP、昔の音源など、ジャンルを横断して、middleまたは、mellowをキーワードに紹介。70年代、シティ・ポップスを聴いていた世代、80年代、AORに馴染んでいた世代、90年代、「渋谷系」にハマっていた世代、そして、今のサブスクリプション世代と、同じビート感を通して、異なったジェネレーションが、良い音を共有できれば、サイコーです。

### 『middle & mellow of Crazy Ken Band』

〈Almond Eyes〉 XNAE-10018　2,520円（税込）

『ZERO』収録の「ハマ風」の新ヴァージョン「ハマ風～for middle & mellow～」、DJ KENTA MIXの「タオル×音楽力（DJ KENTA Summer Breeze Mix From CONTRAX）」も収録。加えて、「ヨコスカンショック」のライヴ・ヴァージョン、「7時77分」の新ナレーション・ヴァージョンと、初音源も！

### 『middle & mellow of Happiness Records』

〈Long Happiness / Happiness Records〉 HRAD-00036　2,520円（税込）

Saigenji、流線形が所属する、サウダージ感溢れるサウンドをリリースするレーベル〈ハピネスレコード〉の楽曲からチョイス。他、OUT OF SIGHT PRODUCTS、amor fati、Carnival Balloon、JUA、dahliaの楽曲を収録。

### 『middle & mellow of toko furuuchi』

〈ポニーキャニオン〉 PCCA-02858　2,625円（税込）

デビュー25周年を迎えた古内東子。2003～2005年、〈ポニーキャニオン〉からリリースされた楽曲から選曲。CMで使用された「Beautiful Days」が収録されています。

### 『middle & mellow of Universal Music』

〈Universal Classics & Jazz〉 UCCU-1215　2,520円（税込）

インディア・アリー、クイーン・ラティファ、ジャザノヴァ、セルジオ・メンデス、ボーイズIIメンetc…と、豪華なアーティストの楽曲を誇る〈Universal Classics & Jazz〉の音源を中心として選曲したオムニバス・アルバム。

### 『middle & mellow of Asako Toki』

〈LD&K〉 202-LDKCD　2,415円（税込）

アルバム『SAFARI』が好評の土岐麻子。〈LD&K〉、〈エイベックス〉とレーベルをまたいでの選曲です。

### 『middle & mellow of P-Vine Records』

〈P-VINE〉 PCD-93241　2,415円（税込）

数多くの豊富な音源の中から洋楽R&Bを中心とした選曲です。

### 『middle & mellow : groovy wired of Knife Edge』

〈Knife Edge / ポニーキャニオン〉 PCCA-02996　1,980円（税込）

全13曲中8曲が新録音！　L & J、GAGLE、KOHEI JAPAN、COMA-CHI、Jazztronik、TWIGY、BUZZER BEATS、Home Grown、Bonnie Pink、MIka Arisaka、Momoe Shimano、YOUNGSHIM、Romancrewの楽曲で構成です。

### 『middle & mellow of paris match』

〈ビクターエンタテインメント〉 VICL-64550　2,592円（税込）

2015年、デビュー15周年を迎えたアニヴァーサリーでリリース。初のオール・イヤー、オール・レーベルからの選曲です。

# INFORMATION

STEPPIN' OUT!　ステッピンアウト！

facebook : @steppinoutmagazine　Instagram : magazinesteppinout　twitter : @OutSteppin

## BARFOUT!　バァフアウト！

1992 年創刊以来 30 年、新しい世代の表現者を「批評」するのではなく、「応援」するカルチャー・マガジン。毎月 19 日発売（月により変動します）。

facebook : @barfoutmagazine

Instagram : barfout_magazine_tokyo

twitter : @barfout_editors

## Brown's Books & Café　ブラウンズブックス&カフェ

音楽、演劇など街ごとカルチャーな下北沢。平日は『ステッピンアウト！』、『バァフアウト！』編集部が土日はブック・カフェに。編集発行人・山崎二郎の本棚がそのまま展開。全て販売もしています。

営業時間 13:00 ～ 19:00　TEL.03-6805-2640

facebook : @brownsbooksandcafe　Instagram : brownsbooksandcafe

twitter : @BrownsBooksCafe

JIRO YAMAZAKI　山崎二郎

facebook : @ jiroyamazaki　Instagram : jiroyamazaki

# PRESENT

1. 米倉涼子　（サイン入りチェキ２名様）
2. 大塚寧々　（サイン入りチェキ１名様）
3. 安田顕　（サイン入りチェキ１名様）
4. 柚希礼音　（サイン入りチェキ１名様）
5. 大谷亮平　（サイン入りチェキ１名様）

このページ左下の「プレゼント応募券」を貼り、①お名前、②ご住所、③お電話番号またはメイル・アドレス、④この号を読んだご感想、⑤上記のご希望のプレゼント番号を、郵便はがきにご記入の上、以下の住所までご応募ください。抽選でご希望のプレゼントをお送りします（発表は発送をもって代えさせていただきます）。

ご記入いただいた個人情報は、プレゼントの発送のみに利用し、外部に提供することはございません。アンケートの内容は編集参考資料とさせていただきます。

締切／ 2022 年 2 月 14 日消印有効

応募先　〒 155-0032　東京都世田谷区代沢 5-32-13-5F

ステッピンアウト！ 2022 年 2 月号プレゼント係　宛

# NEXT ISSUE

次号のステッピンアウト！ 2022 年 4 月号は 2022 年 2 月 14 日発売予定です。

その他、内容は決まり次第 SNS でアップしていきますので、是非見てみてください！

STEPPIN' OUT!
FEBRUARY 2022
プレゼント応募券

# STEPPIN' OUT!®

ステッピンアウト！ FEBRUARY 2022 VOLUME 22



EDITOR 堂前 茜 岡田麻美 松坂 愛 多田メラニー 上野綾子 賀国晟佳
PUBLISHER & EDITOR-IN-CHIEF 山崎二郎
DESIGNER 山本哲郎
PRINTING 株式会社 シナノパブリッシング プレス

STEPPIN' OUT! ステッピンアウト！ FEBRUARY 2022 VOLUME 22
2021年12月8日第1刷発行 ISBN 978-4-344-95412-0 C0070 ￥600E
発行：株式会社ブラウンズブックス 〒155-0032 東京都世田谷区代沢 5-32-13-5F
tel.03-6805-2640, fax.03-6805-5681, e-mail mail@brownsbooks.jp
Published by Brown's Books Co., Ltd. 5-32-13-5F Daizawa, Setagaya-ku, TOKYO,JAPAN. Zip 155-0032
発売：株式会社 幻冬舎 〒151-0051 東京都渋谷区千駄ヶ谷 4-9-7 tel.03-5411-6222, fax.03-5411-6233

4、5、6話に臨んでいたので、今回も後悔はなかったと思います。

――「もっとこうしたい！」と、欲深くなっていかれないのがすごいです。

**高橋** 欲はそこで終わるべきだと思います。次に引き伸ばさない方がいい。後悔になってしまいますから。毎回後悔しているような生き方はつまらない。その時に全部出さないと、と思います。

―― 日常生活においても、悔いのない日々を送られているんでしょうか。

**高橋** はい、人生においても悔いはないようにしています。

―― 例えば「これ言っとけばよかったな」というような小さなことでも？

**高橋** おそらく、それは「言わなくてもよかった」ということだったんだと思うんです。言うタイミングというものはきっと、自分だけにあるものではないはずで、相手にも言われるタイミングがある。と考えると、結果的に言わなかったのなら言わなくてよかったということだった、という風に考えるんです。「あれを伝えておけばよかったな」と思ってしまうんだったら、「いや、そういうものだったんだ」と思うようにしています。

―― 何だか露伴先生と話しているような感覚になってきます（笑）。

**高橋** そうでしょうか（笑）。

―― 露伴先生は観ていて羨ましくなるような生き方をしている。孤独で独自かもしれないけれど、そして他人からは利己的に見えるかもしれないけど。

**高橋** どれを利己と捉えるかだと思います。例えばお芝居に関してもそうですけれど、昨今、作り手側が観ている人たちの顔色を伺い過ぎているところがあるように感じます。それは、一番やってはいけないことだと思うんです。なんでもガイドを付けることで、結果的に観ている人たちの想像力を奪うことになってしまう。そう考えると、物語の中で余白を残したり、想像させたりすることがとても大事になってくる。これからも、僕はお芝居で、それらをブレずに打ち出していきたいと思っています。

『岸辺露伴は動かない』
演出／渡辺一貴
原作／『岸辺露伴は動かない』荒木飛呂彦〈集英社〉
出演／高橋一生、飯豊まりえ （4話）笠松将 （5話）市川猿之助 （6話）内田理央、他 12月27日より〈NHK総合〉にて3夜連続放送じを出せたらなと。露伴の生活の息吹みたいなものが所々に感じられるようになっていればいいなと思いました。

―― それぞれの見所はどこですか？

**高橋** 4話「ザ・ラン」は、とにかく走ります。共演の笠松 将さんが、とても体力があって身体もしっかりされている方なので、お芝居としての説得力があり、僕もお芝居のしがいがありました。『岸辺露伴は動かない』というタイトルに反してとってもアクティヴに動きまくる話なので、そこは観ていただけたらなと。5話「背中の正面」は、（市川）猿之助さんがとても面白くてとても怖いので、そこを観ていただきたいです。また、全ての話を通じても言えることなんですけれど、脚本の小林（靖子）さんがどれだけ今までの『ジョジョの奇妙な冒険』という作品を読み込んで、かつそれを岸辺露伴の世界にどう落とし込んでいるのかがはっきり見えてくるエピソードではあると思います。6話は「六壁坂」というタイトルなので、その六壁坂には6つ妖怪がいるんじゃないか？という話が出てくるんですが、今のところまだ3つしか出てきていないので……。そこは何となく気になっています（笑）。

―― 本作は、『ジョジョ～』シリーズを未見の人まで楽しめたと思うんですが、それをどう分析されますか？

**高橋** それは何より作劇のバランスだと思います。脚本の小林さん、演出の一貴さん、人物デザイン監修の柘植（伊佐夫）さんなど、制作の方々が物語や人物造形を非常に緻密に作り込んでくださったお陰で、自分たちが生きている日常と地続きになっているようなものは多分に残しつつ、どこか違和感を覚えるような世界を作ってくださった。それらのバランスが良かったんじゃないかなと思います。こと自分の芝居に関しては、露伴というキャラクターをまず説明するための、冒頭の1話が勝負かなと思っていました。そこは、お芝居だけではなく空気感みたいなものも含め、非常に上手くできたと思っています。

―― 最高品質の作品ですが、高橋さんとしても、「一片の悔いもなし」という感じで撮り終えられたんですか？

**高橋** そうですね。前回に引き続き、キャスト、スタッフ全員が、その時自分たちにできることは全部出そうと、

**なんでもガイドを付けることで、結果的に観ている人たちの想像力を奪うことになってしまう。そう考えると、物語の中で余白を残したり、想像させたりすることがとても大事になってくる**

── 撮影はいかがでしたか？

**高橋** とても充実した時間だったなと思います。年を跨いで、何年も同じ役を演じていくことはなかなか経験できることではないので。準備から始めると、丸々１年くらいは、ずっと岸辺露伴という人間から離れないでいることができた。それはとても幸福な時間だなぁと思いながらお芝居をしていました。ただ、前回の反響がとてもよかったと、色々なところから耳にしていたのですが、「浮かれられない感じ」はありました。

── 菊地成孔さんの音楽も、世界観にとても合っていました。

**高橋** 前作の撮影をしている時に、菊地さんにお願いをしていると演出の（渡辺）一貴さんから伺っていたので、ペペ・トルメント・アスカラールなどをもう一度聴き直していました。「くしゃがら」の古本屋で撮影をした日の帰り道には、菊地さんの音楽を聴いていて、「こういう世界観でいくんだな」と。物語において音楽は非常に重要なファクターだと思っているので、早い段階で共有できたのは有り難かったです。露伴のテーマ曲が「大空位時代」ですが、このタイトルも僕はすごく好きで。「大空位に岸辺露伴はいる」というのは、役をやらせていただく上で非常に血肉になるワードだなと思っていました。大空位時代は、王位などを受け継ぐ時に政権が空白になる時代のことを言うんですけれど、そこに露伴はいるということが、役を演じていく上で、何だかとっても、感じるところがあったんです。彼は孤高であるということ、独自であるということ──菊地さんはそういう風に感じてくださっていたんだという喜びがありました。

── 今回、新たに意識したことは？

**高橋** 露伴という人間が、1、2、3話が終わった後も人間として活動していた感じは出したいなと思っていました。4、5、6話を観てから前回の1、2、3話を観てもいいような……露伴としての実像と言いますか、生きている感

# 高橋一生

撮影　森 康志　スタイリング　秋山貴紀
ヘア＆メイクアップ　田中真維（マービィ）　文　堂前 茜

ニット（46,200yen）/ ロトル（ロトル ショールーム　tel.03-5787-8205）　パンツ（35,200yen）/ テクネ（カナル　tel.03-6823-5859）　※共に税込

## 欲はそこで終わるべきだと思います。次に引き伸ばさない方がいい

　昨年末、凄まじい高揚と興奮を届けてくれたドラマ『岸辺露伴は動かない』〈NHK 総合〉が大きな反響を受け、再び帰ってくる。露伴を演じた主演の高橋一生は、並々ならぬ想いで本作に臨んだはずだが、話を聞くと本人は至って平常運転そのもの、実にクールであった。それは露伴が血肉化しているとも捉えられ、いよいよ期待は高まる。取材はまるで、露伴と対峙しているかのようだった。